跨界联合：
工科博士生
培养模式新探索

Cross-Border Joint: The New Exploration of
Engineering Doctoral Education Mode

郑娟　著

社会科学文献出版社
SOCIAL SCIENCES ACADEMIC PRESS (CHINA)

目　　录

第一章
引　言

当前世界范围内新一轮科技革命的蓬勃开展引发了全球产业格局的重大调整，许多发达国家近年来均将强化创新驱动、大力发展先进制造业作为今后的战略重点，例如美国的"再工业化战略"，德国的"工业4.0"和法国的"新工业法国"概念等，全球性的竞争和挑战也对工程科技人才的能力提出了更高的要求，因此各国也相应地对本国的工程教育进行了诸多改革创新。当前我国面临着实现创新驱动、加快产业转型升级的紧迫任务，2015年国务院发布了《中国制造2025》规划，提出了强国制造战略和第一个十年行动纲领，明确了当前必须加快产业转型升级，实现创新驱动，把我国建设成为世界制造业强国的紧迫性。

我国制造业目前在总体规模上已位居世界第一，但也应看到我国制造业大而不强，存在着自主创新能力较差、产业结构水平有待升级等问题。"人才为本"是《中国制造2025》的基本方针之一，制造业强国建设也对我国博士层次工程科技人才的培养提出了更高的要求。但目前我国工科博士生教育仍普遍存在培养目标偏重学术性，博士生的创新能力和工程实践能力不足，解决产业关键技术难题的意识不强，与产业界需求存在差距等问题，高校和产业界协同机制的欠缺，产学研跨界合作存在障碍更是加剧了上述问题。

因此，本书以2010年教育部和中国工程院共同推动的"高校和工程院所联合培养博士生"试点项目（以下简称联合培养）为案例，对我国工科博士生产学跨界联合培养和协同创新机制进行研究和探讨，以适应制造业强国建设对工科博士生教育提出的新挑战和对高层次工程科技人才的新需求。

第一节　中国工科博士生的跨界联合培养

一　背景

1. 制造业强国和创新型国家建设

2006 年，我国发布了《国家中长期科学和技术发展规划纲要（2006—2020 年）》，明确提出到 2020 年进入创新型国家行列的目标，将创新型国家建设提上了发展日程。2015 年 5 月 8 日国务院发布的《中国制造 2025》规划，提出了强国制造战略和第一个十年行动纲领，认识到当前国际范围内新一轮科技革命，即工业 4.0 时代的兴起，以及国际制造业竞争和产业变革的格局对我国经济社会发展带来的新挑战和新机遇，明确了在当前形势下，为应对我国经济发展的新常态，必须抓住机遇，加快产业转型升级，实现创新驱动的目标，从而进一步提升我国制造业发展水平，把我国建设成为世界制造业强国。

"人才为本"是《中国制造 2025》的基本方针之一。我国工科博士生教育肩负着培养高素质、高层次创新型科技人才的使命，承担着科技知识创新与传播、技术创新与应用的重任，是我国创新型国家建设和制造业强国建设的重要基石。《中国制造 2025》的重点任务对我国高层次科技人才的质量和工科博士生的培养在以下三个方面提出了更高的要求。

需要进一步提升我国工科博士生的创新能力。创新是推动制造业转型升级和国家经济社会发展的根本动力，目前亟须解决限制我国制造业发展的具有共性的关键难题，打造创新体系，掌握关系国家经济发展和科技进步的核心知识产权。在科学技术创新体系和人才培养体系中，科学创新和原始创新非常重要，是源头的创新，但现实中更多是技术创新，采用的是集成创新和消化吸收再创新的方式。① 因此我国工科博士生的培养需要进一步加强从原始创新到技术创新各个环节的要求，其培养目标应是多元化的，对创新所需的知识和能力要求也应更加综合和全面。

需要进一步强化我国工科博士生的知识转化和工程实践能力。实现制造业转型升级不仅需要先进的科学知识，还需要将创新性的研究成果进行有效转化，提升技术创新和设计创新等能力，通过产学研之间的紧密合作，将各创新环节更加有效地衔接。因此，我国工科博士生的培养在注重科研成果的理论深度、探索科学前沿和独立从事科学研究的能力等要求之外，还应进一步强化对科研成果的应用转化能力和工程实践能力的培养，例如，加强实践环节的训练力度，对博士生采取复合型的评价标准等，从而进一步提升博士生科研成果的实际生产力，促进我国工科博士生培养目标的多元化和就业适应性，满足众多行业企业对高层次科技人才的能力需求。

需要进一步加强我国工科博士生综合素质培养。工业 4.0 时代对科技人才的综合素质有了更高要求，跨学科、国际化、跨领域的科研和知识生产情境，要求工科博士生具备理论知识与实践能力、跨学科知识、团队交流与合作能力、技术管理的相关知识和能力、国际化视野等更加综合的素质，因此在工科博士生的培养中需要有针对性地加强跨学科和管理等相关知识和课程的要求，加大应用型培养情境和国际化交流环境的支持力度等。

2. 知识生产模式转型

自 20 世纪末以来，"知识经济"的概念在全球范围内广泛传播并日益深入人心。在知识经济时代，比起资本、劳动力等传统的生产要素，知识才是促进经济增长的根本动力。② 创新是知识经济的灵魂，

---

① 朱高峰：《创新人才与工程教育改革》，《高等工程教育研究》2007 年第 6 期。
② 赵蒙成：《知识经济与研究生教育》，《交通高教研究》2000 年第 1 期。

创新不仅指创造新的知识或技术，还包括如何在经济活动中创造性地运用知识和技术。知识规模的急速增长和知识生产水平的持续提升，一方面使知识生产的分工不断细化，另一方面也使不同的知识生产分工之间联系日益紧密，知识创新的周期大大缩短，研究、开发和应用紧密融为一体，跨学科研究和开发日益繁荣，世界经济全球化的程度不断加深。

虽然针对当前知识生产和经济发展的特点，不同的学者所持的观点和使用的术语存在差异，但毫无疑问的是，学术界和公众都注意到了在知识生产领域内发生了重大转变的这一基本事实。英国学者吉本斯等人经过系统的研究认为 20 世纪七八十年代以来，在当代的科学研究中存在着知识生产模式的转型，由此产生了一种新的知识生产模式，即知识生产"模式 2"。与传统的基于特定学科的知识生产"模式 1"不同，"模式 2"基于应用情境，研究围绕特定的现实问题展开，因而常常具有跨学科的特点，研究团队也往往是临时组织起来的跨学科团队，知识生产从大学扩大到了以政府、企业、研究机构、咨询机构、社会团体为代表的众多社会机构之中，从而在整个社会弥散。由此带来的影响是，对知识生产的质量控制方式由"模式 1"中基于学术共同体内部标准的同行评议转变为更广泛的社会问责，对质量的关注点也从追求高深知识本身而并不关注知识的应用转变为兼顾社会、政治、经济等多维度的广泛质量标准。①

博士生的培养与知识生产紧密结合、融为一体，知识生产模式的变化必然影响到博士生的培养模式。"模式 1"背景下的博士生培养是一种"象牙塔"式的培养模式，主要采用"师带徒"的导师指导方式，强调对学科的忠诚，为理论生产服务。

知识生产"模式 2"的到来，使博士生的培养模式发生了转变。首先，博士生的培养目标将不仅是培养从事科学研究的高层次人才，培养

---

① 〔英〕迈克尔·吉本斯等：《知识生产的新模式——当代社会科学与研究的动力》，陈洪捷等译，北京大学出版社，2011。

各行各业的高水平专业型人才同样重要；博士生从事科研和知识生产的目的也将不仅局限于理论创新，还在于知识的应用和转化。其次，知识生产呈现出社会弥散的状态，参与博士生培养的主体也发生了很大的变化，高校已无法独自在"象牙塔"里开展知识生产和博士生培养，科研院所、企业、政府和社会团体等组织都深度参与到了知识生产和博士生培养之中，博士生的就业也相应呈现出"社会弥散性"的特点。在这种情况下，对博士生培养的评价标准也相应发生了转变，从主要考察博士生的理论生产力转变为同时强调博士生的知识应用和转化能力以及可迁移能力；应用情景下的知识生产对博士生的知识和能力要求也更加全面，博士生要具有跨学科研究的能力并能够实现理论水平与实践能力的综合和平衡。知识生产模式的转变及其对博士生培养模式带来的挑战已在全球范围内引起了广泛的关注，欧洲和美国等很多发达国家都已针对这种挑战开展了相应的改革探索。[①]

在工科这种应用性较强的学科里，知识生产"模式2"对博士生培养模式的影响尤其突出。从认知特点和职业技能专业化程度来看，工科的人才培养模式有典型的过程性特征，侧重问题导向，强调在实践过程中掌握知识并学习技能，未来就业从事的职业技能专业化程度也较高。在培养过程中，除了理论学习之外，应更加注重加强实践环节，通过产学研合作等方式将理论学习与实践环节更好地融合在培养过程之中。[②]因此，在知识生产"模式2"的背景下，工科博士生的培养模式应该更加注重培养目标的多元化、知识和能力的全面性、参与主体的丰富性、评价标准复合性等。

3. 培养现状

随着高等教育大众化进程的不断推进，自20世纪末以来，我国博士生的规模实现了快速增长，目前已基本实现立足国内培养博士生层次

---

① 沈文钦、王东芳：《从欧洲模式到美国模式：欧洲博士生培养模式改革的趋势》，《外国教育研究》2010年第8期。

② 王孙禺、袁本涛、赵伟：《我国研究生教育质量状况综合调研报告》，《中国高等教育》2007年第9期。

的高水平人才。2013 年，我国共招收工学博士研究生（学术学位）
26410 人，工程博士研究生（专业学位）178 人，二者相加占当年博士
生招生总数的 37.76%，在所有学科大类中占比最高。我国博士生在发
表高水平论文、申请专利等方面也都取得了显著的成果。① 但当前我国
的工科博士生培养仍存在一些问题，与知识生产"模式 2"带来的挑战
不相适应，也与国家对高层次创新型科技人才的需求存在差距。

首先，培养目标相对单一，与社会的多元化需求之间存在差距。我
国工科博士生的培养目标仍集中在研究型人才的培养上，但随着博士生
规模的扩大，学术劳动力市场已趋于饱和，人才吸纳能力有限，已有越
来越多的工科博士生到其他行业领域就业。随着我国经济的发展和工业
化程度的提高，企业作为创新主体的地位逐渐凸显，研究和开发能力不
断增强，需要大量从事研发和设计工作的高层次科技人才；随着我国工
业化和城镇化进程的不断加速，也需要大量从事大型工程项目建设和管
理的高层次工程人才。这些工作的类型十分丰富，远远超出传统学术研
究的工作范围，对博士生知识和能力的要求也更加多元。因此，我国工
科博士生的培养目标设定应更加多元化，博士生也要具备更加广泛的就
业适应能力。

其次，大量研究和调查显示，我国工科博士生的创新能力不足，全
面素质的培养仍有待加强。上海交通大学曾对本校博士学位论文进行调
研后指出，博士生论文选题普遍存在前瞻性和创新性不足，原创性的成
果较少，解决关键技术难题的意识不强、能力不足，在行业中的影响力
较弱等问题。② 目前在我国工科博士生的培养过程中，也存在着重知识
轻能力的问题，博士生全面素质以及创新能力的培养仍有待加强。

此外，工科博士生理论水平与实践能力的结合培养不足，不同类型
的培养机构在博士生培养资源分布上的不均衡现状更是加剧了这一问

---

① 中国学位与研究生教育发展年度报告课题组、全国学位与研究生教育数据中心：《中国学
位与研究生教育发展年度报告 2013》，中国人民大学出版社，2014。
② 马德秀：《研究生教育战略转型期的挑战与思考》，《中国高等教育》2011 年第 8 期。

题。从培养主体来看，高校一直是我国工科博士生培养的主要力量。由于历史和体制原因，以工程院所为代表的各类科研机构也担负了少量工科博士生的培养任务，但科研机构的首要使命是完成科研任务和进行应用开发，博士生培养并非其主要目标。

高校工科博士生的培养偏重于基础研究。高校有理论水平较高的导师队伍、完善的课程体系、丰富的教育资源和良好的学术氛围，因此博士生的理论基础和研究方法较为扎实全面，博士学位论文具有理论深度，博士生发表论文的水平较高，但高校自身在应用研究和生产实践等相关资源上存在欠缺，博士生的科研与生产应用结合得不够紧密，科研成果转化力不足，博士生的工程实践能力缺乏锻炼。工程院所的博士生培养偏重于应用研究和生产开发。工程院所有数量众多的国家重大科研项目、实践经验丰富的导师队伍和先进的大型设备条件，因此，博士生具有较强的应用研究和工程实践能力，博士生的科研工作与生产和应用转化联系紧密，但是在理论基础和研究方法上较为薄弱，博士学位论文虽具有实践意义，但理论深度明显不足，博士生对科研前沿和理论问题的把握能力存在欠缺。

高校和工程院所的工科博士生培养资源都有相应的不足，培养模式都在一定程度上存在着理论与实践相脱节的问题，并且二者在培养资源上呈现出鲜明的互补特征，亟须进行深度跨界合作以改进当前我国工科博士生培养模式存在的问题并促进协同创新。

4. 改革试点

为应对上述挑战，解决目前我国工科博士生培养模式中存在的问题，近年来国家已开展了一些有益的改革探索，特别值得注意的是，2010 年教育部与中国工程院共同推动了高校与工程院所联合培养博士生的改革试点，以促进工科博士生培养资源的整合和博士生理论水平与实践能力的协调发展，并通过联合培养进一步推动科教结合和协同创新。试点经验表明，联合培养是一种"深化教育体制改革、培养拔尖创新人才的重要模式，是促进教育与科研有机结合、提高自主创新能力的得力举措，是充分发挥高等学校和工程院所的资源优势、实现强强联合的有效机制"①。2013 年开展的旨在促进协同创新的高等学校创新能力提升计划（2011 计划），2015 年 3 月 24 日《人民日报》发表的《中共中央国务院关于深化体制机制改革，推动实施创新驱动发展战略的若干意见》等都说明了加快体制机制改革，打破行政界限分割，促进资源整合利用，加快科技成果的转化和应用，提高科研效率，协同完善高水平科技人才的培养模式，实现创新驱动发展战略，是当前及今后一段时间我国科技界和教育界的改革重点。

高校和科研机构的部分导师之间由于科研合作和取长补短等原因，长期以来都存在着研究生培养上的"私下合作"，这种"私下合作"形式灵活，需求强烈，体现了一定的优势，但缺乏制度保障，在规范性和合法性上存在着不足，并且合作层次难以提升，合作范围也不易拓展。2010 年开始实施的联合培养博士生项目是第一次由国家层面大规模、制度化、规范化地来推行的联合培养博士生项目。2010 年第一批共招收联合培养博士生 88 人，此后规模逐年增长，合作范围不断扩大。2014 年共安排招生计划 674 人，参与其中的高校和工程院所分别达到40 家和 45 家②，2015 年安排招生计划 706 人（见表 1-1）③；大部分参与单位也已经初步建立起科研合作和联合培养博士生的配套规章制度，取得了不少联合培养的经验，在人才培养和科研协同上的成效正在逐步显现。④

---

① 周济：《育人为本协同创新——在高等学校和工程研究院所联合培养博士研究生 2011 年试点工作座谈会上的讲话》，《学位与研究生教育》2012 年第 10 期。

② 中国学位与研究生教育发展年度报告课题组、全国学位与研究生教育数据中心：《中国学位与研究生教育发展年度报告 2013》，中国人民大学出版社，2014。

③ 《2015 年高等学校与科研机构联合培养研究生试点工作专项招生计划》，http://www.moe.gov.cn/srcsite/A03/s7050/201504/t20150409_ 189447.html。

④ 北京航空航天大学首都高等教育发展研究基地：《高校与科研院所联合培养研究生典型案例汇编（2012）》，北京大学出版社，2014。

表 1-1 2015 年高等学校与工程院所联合培养研究生试点工作专项招生计划

招生单位	联合培养单位	博士	高校计划	院所计划	硕士
		706	706		144
北京大学	中国地质科学院	16	16		
	中国工程物理研究院	16	16		
	中国石油勘探开发研究院	12	12		6
	钢铁研究总院	4	4		
	中国地震局地球物理所	5	5		
清华大学	中国环境科学研究院	8	8		
	中国电力科学研究院	7	7		
	中国航天科技集团公司第一研究院	2	2		
	中国航天空气动力技术研究院	4	4		
	中国航天科工集团公司第二研究院	2	2		
	中国航天科工集团公司第三研究院	2	2		
	中国航空研究院	3	3		
	中国建筑科学研究院	4	4		
	中国工程物理研究院	10	10		
	机械科学研究总院	10	10		
	钢铁研究总院	10	10		
	中国水利水电科学研究院	12	12		
北京科技大学	北京有色金属研究总院	10	10		
	钢铁研究总院	10	10		
	机械科学研究总院	8	8		
	北京矿冶研究总院	8	8		
	电信科学技术研究院	2	2		
北京邮电大学	电信科学技术研究院	7	7		
	武汉邮电科学研究院	2	2		
中国农业大学	中国农业科学院	30	30		
	中国农业机械化科学研究院	4	4		
	中国水利水电科学研究院	5	5		

招生单位	联合培养单位	博士	高校计划	院所计划	硕士
		706	706		144
北京林业大学	中国林业科学研究院	12	12		
北京中医药大学	中国中医科学院	6	6		
北京交通大学	中国铁道科学研究院	4	4		
北京师范大学	中国环境科学研究院	15	15		
中国矿业大学（北京）	煤炭科学研究总院	6	6		
中国石油大学（北京）	中国船舰研究院	5	5		
	中国石油勘探开发研究院	12	12		
中国地质大学（北京）	中国地质科学院	10	10		40
华北电力大学	中国电力科学研究院	4	4		10
天津大学	中国电力科学研究院	4	4		
	国家海洋技术中心				10
吉林大学	机械科学研究总院	2	2		
	中国农业机械化科学研究院	4	4		
东北大学	钢铁研究总院	8	8		
	北京有色金属研究总院	6	6		
	北京矿冶研究总院	6	6		
复旦大学	电信科学技术研究院	1	1		
	中国工程物理研究院	10	10		
	上海医药工业研究院	12	12		10
上海交通大学	中国航天科技集团公司第一研究院	4	4		
	中国舰船研究设计中心	4	4		
	上海船用柴油机研究所	8	8		
	中国船舶及海洋工程设计研究院	4	4		
	上海医药工业研究院	6	6		
	中国工程物理研究院	4	4		

续表

招生单位	联合培养单位	博士	高校计划	院所计划	硕士
		706	706		144
同济大学	上海船用柴油机研究所	3	3		
	中国建筑科学研究院	4	4		
华东理工大学	上海船用柴油机研究所	3	3		
河海大学	中国水利水电科学研究院	8	8		
	南京水利科学研究院	10	10		10
东华大学	中国纺织科学研究院	6	6		
南京大学	国家海洋局第一海洋研究所				10
	国家海洋局第二海洋研究所				10
浙江大学	钢铁研究总院	2	2		
厦门大学	国家海洋局第三海洋研究所				10
	国家海洋局环境预报中心				4
中国海洋大学	国家海洋局第一海洋研究所	5	5		
	国家海洋环境预报中心				4
华中科技大学	武汉邮电科学研究院	9	9		
	中国电力科学研究院	2	2		
	中国舰船研究设计中心	3	3		
	武汉第二船舶设计研究所	2	2		
	中国航空研究院	1	1		
	中国航空研究院621研究所	1	1		
中国地质大学（武汉）	中国地质科学院	10	10		
武汉理工大学	中国建筑材料科学研究总院	4	4		
华中农业大学	中国农业科学院	35	35		
中南大学	北京有色金属研究总院	4	4		
湖南大学	湖南省农业科学院	10	10		20
重庆大学	煤炭科学研究总院	4	4		
西北农林科技大学	中国农业科学院	5	5		

续表

招生单位	联合培养单位	博士	高校计划	院所计划	硕士
		706	706		144
中国科学技术大学	中国工程物理研究院	20	20		
	电信科学技术研究院	4	4		
北京航空航天大学	电信科学技术研究院	7	7		
	中国航天科技集团公司第一研究院	4	4		
	中国航天科工集团公司第二研究院	4	4		
	中国航天科工集团公司第三研究院	6	6		
	中国航空研究院	6	6		
	中国航空研究院 621 研究所	4	4		
	中国航天空气动力技术研究院	2	2		
	武汉第二船舶设计研究所	2	2		
	国家计算机网络与信息安全管理中心	15	15		
北京理工大学	昆明物理研究所	12	12		
	中国工程物理研究院	8	8		
	电信科学技术研究院	4	4		
	中国航天科工集团公司第三研究院	2	2		
	中国航空研究院	4	4		
	西安近代化学研究所	4	4		
	西南技术物理研究所	3	3		
	中国空间技术研究院	2	2		
	中国航天科工集团公司第三研究院（31 所）	2	2		
哈尔滨工业大学	中国航天科工集团公司第二研究院	4	4		
	中国航空研究院	3	3		
	中国航空研究院 621 研究所	2	2		
	中国航天科工集团公司第三研究院	4	4		
	中国空间技术研究院	4	4		
	钢铁研究总院	6	6		
南京理工大学	中国工程物理研究院	14	14		
	中国航天科技集团第一研究院	8	8		

续表

招生单位	联合培养单位	博士	高校计划	院所计划	硕士
		706	706		144
南京航空航天大学	中国航空研究院	6	6		
	中国航天科技集团公司第一研究院	2	2		
	中国空间技术研究院	16	16		
西北工业大学	中国航空研究院	9	9		
	中国航空研究院 621 研究所	1	1		
	钢铁研究总院	4	4		
	中国航天科工集团公司第三研究院	2	2		
天津中医药大学	中国中医科学院	5	5		

数据来源：《教育部、国家发展改革委关于下达 2015 年全国研究生招生计划的通知》，http：//www.moe.gov.cn/srcsite/A03/s7050/201504/t20150409_189447.html。

我国在 1949 年后参照苏联模式建立了自身的科研体系，采用集中管理制，大体上可以分为中国科学院系统、高等院校科研系统、产业部门科技系统、国防科技系统和地方科技系统这五大体系。改革开放后随着经济体制改革和社会发展，原有的集中式科研管理体制活力不足等问题逐渐凸显，因此，我国实行了大规模的科技管理体制改革，大部分应用型、以生产经营活动为主的工程院所转制为研究型的企业，或重组并入大型企业集团，或独立发展，或进行股份制改革，科研活力进一步被激发，科技创新和成果转化的效率进一步提高。

新中国成立以来，各类科研院所一直都是我国研究生培养体系的组成部分，其中工程类科研院所在工业建设、行业发展、国防科技和民生等领域的应用研究和人才培养中发挥了不可或缺的作用。随着 20 世纪末我国高等教育规模的跨越式发展、研究生教育政策的调整和科技体制的改革，工程院所的博士生培养迎来了巨大的转变和挑战。一方面，高校的研究生招生规模实现了大幅度增长，并通过"211 工程"等项目获得了国家政策和经费上的支持。另一方面，工程院所虽一直保有博士生招生资格，但规模并未实现显著增长，在我国工科研究生培养中所占比重持续下降，影响力逐渐减弱，加上企业化改制等因素的叠加效应，工程院所的博士生培养面临着诸多发展困境。

但这些企业性质的工程院所在工科博士生培养中仍具有重要作用，它们兼具研究机构和企业的性质，既要实现国有企业的保值增值，科研成果有很强的应用性和转化率，贴近行业需求、工程实践和生产实际；也要完成数量众多的国家重大应用型科研项目，具有一定的公益性特征；同时仍然继续承担着一部分研究生的培养工作，是介于传统研究型机构和典型的生产型企业之间的一种机构类型。高校和这些工程院所合作开展培养博士生工作，一方面有利于提高工科博士生的培养质量，实现博士生在理论水平与实践能力，知识生产和技术转化训练之间的资源互补；另一方面，二者不论是工作内容、管理制度，还是科研氛围，都具有较多共性和兼容性，比较容易开展合作，联合培养的效果也相应更加突出。

虽然在工科人才培养中，校企合作（这里指的是高校和生产型企业的合作）是一种常见的培养模式，但目前在我国仍主要集中在职业教育、应用型本科和工程硕士的培养中，在博士生层次开展得较少。究其原因，与我国当前企业所处发展阶段有关，目前我国企业普遍研发水平较低，产品科技含量和企业研发人员的科研能力不足，企业科技投入较少。因此，虽然企业可以通过提供实习岗位、建立实习基地、设立横向科研项目等方式为高校的工科博士生培养提供部分实践支持，但事实上目前除了少数大型企业，我国绝大部分企业尚不具备开展博士生培养的基本条件，也缺乏作为培养主体参与博士生培养中的足够动力。因此，目前在我国广泛推广工科博士生产学合作培养模式的条件尚不成熟，而大量改制工程院所既具有工科博士生培养的基础条件和长期传统，也具备企业的性质以及与行业的紧密联系，能够与高校形成优势互补的关系，因此高校与工程院所的联合培养工作可以作为当前我国工科博士生培养模式应对知识生产"模式 2"挑战的一种值得研究的新探索。

二　概念

1. 工科博士生

工科教育也被称为工程教育，是一种以各级各类工程技术人才和管理人才为培养目标的专业教育。[①] 工程教育的目的是为学生成为一名成功的工程师提供所需要的学习——专门技术、社会意识和创新精神。[②]

博士学位在我国高等教育学位体系中位于最高层次，博士生即在高等教育机构中攻读博士学位的研究生，按照类型，在工科有学术型的工学博士生和专业型的工程博士生两类。从我国工科博士生培养的历史和现状来看，工程博士专业学位 2011 年刚刚设立，培养规模尚小，其内涵和发展方式仍需要进一步明确，还要经过一段时间的试点和摸索；而工学博士生有着 30 多年的发展历史，其培养模式相对成熟，在规模上占据绝对多数，在未来一段时间内也仍将是我国工科博士生培养中的主体。因此，在本书中，"工科博士生"指的是工学博士生，之所以没有使用"工学博士生"一词，是希望能够将"工科的科研/知识生产"和"工科博士生"相对应，将工程学科的科研和博士生培养统一起来。

此外，从博士生培养的内涵来看，虽有学术学位和专业学位的类型之分，但二者都要具备坚实宽广的理论基础，都与知识生产紧密联系，如果剥离了专业学位中的研究内涵，那么专业学位与高级技能培训无异，只是二者从事科学研究和知识生产的侧重点不同，前者注重理论知识的生产，后者注重应用知识的生产。工科是一门具有实践和应用指向的学科，其人才培养也必须与工程实践相结合，工学博士生和工程博士生虽然类型不同却有着一脉相承的学科背景和内涵。并且，工程博士专业学位设立之时就明确学生将采用校企合作的培养模式，因此，本书对

①　李冀：《教育管理辞典》，海南人民出版社，1989。

②　〔美〕克劳雷等：《重新认识工程教育：国际 CDIO 培养模式与方法》，顾佩华等译，高等教育出版社，2009。

高校和工程院所联合培养博士生的研究也可以为完善我国工程博士生的培养模式提供一定的借鉴。

2. 工程院所

本书中的工程院所具有以下几个特征：在应用研究和生产研发上有很强的实力，拥有大量富有科研实力和实践经验的科研人员作为导师资源，具有大型研究开发和生产试验设备的优势；承担大量国家重大科研项目，在国家科技进步、经济发展和国防建设等领域具有重要地位；是行业领域内的大型、综合型研究开发机构，与行业内的生产型企业有着紧密的联系，或自身所在集团内部就有相关的二级生产型企业单位；其中很多工程院所原为国家部委所属的专业工程研究机构，经过科技体制改革，成为企业性质的科研组织或大型企业集团的下属机构；具有博士学位点和培养博士生的资质，大多为学位制度建立后较早就获得研究生招生和硕士、博士学位授予权的工程类科研院所，有较为丰富的研究生培养经验。

具有上述特征的工程院所与高校进行合作可以比较顺利和高效地实现工科博士生培养上的资源共享和优势互补。

3. 培养模式

培养模式是学位与研究生教育近年来的一大研究热点。对于培养模式的定义，目前学术界尚未形成统一的定论。

1998年，在教育部召开的"第一次全国普通高校教学工作会议"上，时任教育部副部长周远清认为，培养模式是："人才培养目标、培养规格和基本培养方式，它集中体现了高等教育的教育思想和教育观念，规定着所培养人才的根本特征。"①

胡玲琳认为学术界对培养模式的界定在外延和属性上存在分歧。在外延与构成上，存在"泛化论"和"狭义论"两种主要观点，前者将培养模式的外延扩大到整个教育管理活动范畴，后者则缩小到教学活动

---

① 研究生培养模式创新的理论与实践研究课题组：《中国研究生培养模式的理论与实践研究》，高等教育出版社，2013。

或过程范畴；在属性上，有"结构范畴"和"过程范畴"之分，前者认为培养模式是将各种要素有机组合的一种结构，后者认为培养模式是实现培养目标的组织形式和过程。因此，胡玲琳在分析归纳了现有培养模式的概念后认为，培养模式是指在一定的教育思想、教育理论和特定需求指导下，为实现培养目标而形成的培养过程的诸要素构成的标准样式与运行方式。①

2009 年在武汉大学举办的"研究生培养模式改革高层次论坛"上，与会的 60 多位专家学者围绕我国研究生培养模式的改革进行了讨论。程斯辉和王传毅对论坛讨论的内容进行了综述，认为对研究生培养模式的定义没有形成公论，其中有学者通过分析 200 多篇与研究生培养模式有关的论文，认为其定义有"结构说"、"环节说"、"体系说"和"过程说"等多种，培养模式的组成要素则有 3 种、4 种、5 种和 6 种等不同说法；也有学者从系统论的观点出发，将培养模式与构成要素联系起来对培养模式进行界定。由此，程斯辉认为研究生培养模式是根据社会需要和高层次人才成长规律，在一定的教育思想、理论和特定需求的指导下，为了实现培养目标，参与研究生培养的主体与基本环节之间形成的组合样式和运行方式，是对"培养什么样的研究生"和"怎样培养研究生"这两个基本问题的回答。②

综上所述，本书倾向于从系统论的角度来界定"培养模式"这一概念。所谓我国工科博士生的培养模式主要指的是，在特定的教育理念、知识生产模式和社会需求的背景下，我国工科博士生在创新型高层次科技人才培养的过程中，各培养环节和要素之间的组合方式和运行机制，其中主要的培养环节和要素有培养目标、课程体系、导师指导、论文选题、科研训练和评价标准等。

4. 基础研究与应用研究

基础研究不以特定的应用为目的，而是为了获得关于现象和可观察

---

① 胡玲琳：《我国高校研究生培养模式研究》，华东师范大学博士学位论文，2004。
② 程斯辉、王传毅：《研究生培养模式：现实与未来——研究生培养模式改革高层次论坛综述》，《学位与研究生教育》2010 年第 3 期。

事实基本原理的新知识而进行的实验性或理论性研究。应用研究则具有特定的目标，是为了确定基础研究成果可能的用途，或为了达到预定目标探索应采取的新方法或新途径而进行的创造性研究。[①]

基础研究的目标是认识现象，获得关于现象和事实基本原理的知识；应用研究有特定的应用目的，是为了在实践中利用规律开拓各种可能的途径，给解决实际问题提供科学的依据。基础研究对成果未来的实际应用前景并不十分明确，或者虽然了解其具有应用前景，但并不知道达到应用目标的具体方法和技术途径。应用研究获得的新知识是通过开辟新应用途径获得的，是对现有知识的扩展，为解决实际问题提供科学依据，对应用具有直接的影响。[②]

在我国的科研分工体系中，高校偏重基础研究，注重对科技前沿和理论问题的探索，对应用研究和科研成果的转化关注较少；工程院所、改制的研究型企业和大型企业集团的研发机构偏重于应用研究、生产开发和成果转化，但在基础研究、理论研究和前沿探索上相应投入较少。

5. 跨界联合

在本书中，所谓跨界联合，主要指的是在工科博士生培养过程中，为了提高人才培养质量，本着资源共享、优势互补的目的，不同类型的培养单位之间突破行政体制分割的界限，作为共同的培养主体联合起来进行工科博士生培养的模式。在这种模式中，参与的机构和人员是多元化的，学生接受的教育和训练是多方面的，知识面也更加宽泛，对能力的培养是多元化的，它是为了应对人才培养的资源约束，实现资源共享、优势互补，培养高水平、复合型科技人才的一种培养模式。

从合作机构来看，由于我国博士生培养的主体机构是高校，因此跨界联合培养主要有三种合作形式：高校之间的联合培养、高校和科研院所的联合培养、高校和企业的联合培养；从合作范围来看，有国际联合

[①] 国家统计局、科学技术部：《中国科技统计年鉴 2013》，中国统计出版社，2013。

[②] 科学技术部发展计划司、中国科学技术指标研究会：《科技统计实用手册》，科学技术文献出版社，2008。

培养和国内联合培养；从联合培养的正式程度来看，有国家政策推动的，博士生具有双方学籍的正式联合培养，也有单位和导师间的私下联合培养。

本书主要研究的是 2010 年以来由国家推动的高校和工程院所联合培养博士生项目，以此为切入点考察我国工科博士生的培养模式改革，构建跨界联合培养的合作动力机制，并希望为探索更广泛的跨界博士生培养合作提供借鉴。

三 视角

1. 知识生产"模式 2"的视角

知识生产"模式 2"的理论是由英国学者吉本斯（Michael Gibbons）等人系统提出的，这一理论认为，自 20 世纪七八十年代以来，在当代的科学研究中产生了一种基于应用情境的新的知识生产模式，并将其命名为知识生产的"模式 2"，以区别于传统的以学科为基础的知识生产"模式 1"。[①]

如表 1-2 所示，"模式 1"与"模式 2"形成了鲜明的对照。二者对"知识"的界定是不同的，在"模式 2"中知识生产日益处于应用的情境之中，因此决定什么样的问题值得研究的标准，由大学里某个学科的准则变成了特定应用情境的需要；应用情境下的知识生产使跨学科研究成为一种必然趋势；研究团队也常常是临时组织起来的跨学科团队，知识生产的从业者从"模式 1"中相对同质性的高等教育内部参与者，扩大到了"模式 2"中以政府、企业、研究机构、咨询机构、社会团体人员为代表的整个社会中，知识生产的场所也更加广泛，知识生产呈现出"社会弥散"的特点，不同的知识生产部门之间，例如不同类型的机构之间、学科之间、基础研究与应用研究之间变得日益具有"可渗透性"，界限变得模糊，交流合作日益频繁。因而，知识生产的评价标

---

① 〔英〕迈克尔·吉本斯等：《知识生产的新模式——当代社会科学与研究的动力》，陈洪捷等译，北京大学出版社，2011。

准和质量控制方式也发生了改变，从"模式 1"由学术共同体控制的同行评议转变为社会范围内更广泛的监督和问责，对质量的关注点也从知识本身转变为兼顾社会、政治、经济等多维度的更加宽泛的标准。

表 1-2　知识生产的"模式 1"与"模式 2"的对照

	模式 1	模式 2
知识生产的情境	按特定学科的规则进行	应用的情境
学科属性	基于特定学科	跨学科
知识生产的场所和从业者	同质性，社会组织相对固定	异质性，社会弥散，出现了多样性的组织
质量控制方式	科学共同体的同行评议	更广泛的社会问责，更宽泛的质量标准
质量的关注点	知识本身	兼顾社会、政治、经济等多维度

说明：根据《知识生产的新模式》一书整理。

吉本斯等人认为知识生产的"模式 2"是"模式 1"的补充和衍生，二者将长期并存，但他也认为随着"模式 2"的不断发展，最终将可能取代"模式 1"。①

知识生产"模式 2"的理论是一个复杂的理论体系，覆盖了科学与技术、人文学科与社会科学等众多学科，涉及大学、研究机构、社会团体、生产企业、政府机构等众多与知识生产相关的组织，同时具备全球竞争和合作的视野，因此，如何选取理论视角十分关键。

本书借鉴知识生产"模式 2"的理论来探讨我国工科博士生培养模式改革所处的大背景以及在这种背景下面临的挑战和发展方向等问题。工科博士生的培养与知识生产紧密相关、融为一体，知识生产模式的转变必然对工科博士生的培养模式产生影响，例如工科博士生的培养目标更加多元化；在评价工科博士生的培养质量时，除了原创性知识的价值

———————

① 〔英〕迈克尔·吉本斯等：《知识生产的新模式——当代社会科学与研究的动力》，陈洪捷等译，北京大学出版社，2011。

外，开始更加关注其对工程实践、社会经济发展的作用；有更多主体参与到工科博士生的培养过程中，也更加注重通过跨学科培养、团队化培养、跨界联合培养等方式加强工科博士生的工程实践和创新能力、跨学科研究能力的培养。

2. 协同理论的视角

协同理论（synergetics）是由德国学者哈肯（Hermann Haken）于20世纪70年代在对多学科进行研究的基础上，提出的一种系统科学的重要理论。协同理论研究不同事物的共同特征及其协同机理，探讨各种系统在与外界有物质或能量交换的情况下，如何通过内部子系统的协同，从无序变为有序的过程，发现自组织系统的一般原理。协同理论认为，系统之间虽然差异很大，但是在整个大环境下，各系统间互相影响并且相互合作。如果一个系统内的子系统能够互相协作从而达成协同效应，系统就可以在有序的状态下协调发展，整体功能得到发挥，从而达到"1+1>2"的效果。如果子系统之间无法协同合作，甚至互相冲突制约，造成无序和内耗的状态，可能会导致无法实现系统的任务和目标，甚至最终系统衰败。协同理论可以用来研究自然界和人类社会各种系统的发展规律，解决系统的复杂性问题，构建协同的组织系统，因此在管理科学中得到了广泛的应用。①

工科的知识生产和博士生培养可以被看作一个复杂的大系统，系统功能的发挥既与外界环境相关，也取决于系统内部各组成部分的协同作用。科研机构和高校是我国工科博士生培养中的两类重要机构，二者形成了相对明确的科研分工，具备不同的博士生培养特色和资源优势，但分属于不同的行政体制，形成了资源分割的状态。当前在全球化的大背景下，科技创新的速度不断加快，复合型特征不断凸显，竞争日益激烈，高层次科技人才的培养在国家和社会发展中具有重要地位。因此亟须整合和协同与工科博士生培养相关的各种力量，打破壁垒、整合资

---

① 夏清泉：《科研机构与高等院校联合培养研究生的机制研究》，中国科技大学博士学位论文，2013。

源、形成合力，凝聚成人才培养的协同力量和竞争优势。我国正致力于推进强化协同创新的各项政策，促进不同类型的科研机构之间通过资源互补、强强合作进行科研协同创新和博士生培养合作，这些改革举措是对当前形势做出的积极回应，但仍需借助协同理论考察跨界联合培养的现状和问题，并进一步构建协同创新和联合培养的模式与机制。

序参量是协同理论中的核心概念，系统的演化过程和结果都受到序参量的控制，序参量在系统无序时为零，而增至最大时就会出现有序的组织结构。这一概念表明，在管理过程中，影响系统的因素虽然很多，但最重要的是找出其中的本质因素和关键因素，才能把控系统的发展方向。在我国工科博士生培养的大系统之下，可采用协同理论的视角分析现状与问题，进一步强化凸显序参量，创造条件加强培养系统与外部的沟通协调，以及内部各子系统之间的协同合作。

很多管理学研究者将协同理论应用于企业管理、产学合作等领域，例如美国学者切萨布鲁夫（Chesbrough）在 2003 年提出了"开放式创新"的理念，系统研究了企业如何综合运用内部和外部的研发优势、人力资源等创新要素来实现新价值的创造，在"开放式创新"模式中，组织边界是模糊的，企业、大学、研究机构和政府之间密切合作。① 国内也有研究者系统梳理了产学协同创新的理论发展脉络，并从概念、动因、机理、模式，技术特性和知识管理，地理因素、制度环境和政府行为，效率评价和影响因素 4 方面介绍了目前产学协同创新相关研究的发展情况，并在此基础上提出了战略协同、知识协同和组织协同 3 个层面相结合的产学研协同创新的分析框架。②

3. 资源依赖理论的视角

资源依赖理论是一种产生于 20 世纪 40 年代，被广泛应用于组织间关系和组织发展变迁研究的重要组织理论流派。这一理论认为，组织的首要目标是生存，组织的生存要以资源为基础，但组织很难具备自身生

---

① 陈劲、阳银娟：《协同创新的理论基础与内涵》，《科学学研究》2012 年第 2 期。

② 何郁冰：《产学研协同创新的理论模式》，《科学学研究》2012 年第 2 期。

存所需的全部资源，因此，必须与外部环境进行交换，与其他组织进行互动。

资源依赖理论认为，资源决定了权力，不同组织占有资源的差异决定了它们的地位以及相互之间的关系，在组织内部成员之间也会因为占有资源的差异而形成相应的权力结构。同时，组织并非单纯被动依存于环境，而是要采取策略通过调整、整合、合作、游说等方式，积极调整对环境的依赖程度，适应环境、影响环境和改变环境。[①]

用资源依赖理论的视角来考察我国工科博士生的培养模式现状可以发现，高校和工程院所都具有工科博士生培养的功能，但是由于目标定位、发展历史、行政体制等多重因素，二者占有的科研和教育资源存在很大差异。从当前知识生产的特点来看，不同的知识生产部门之间联系日益紧密，不论是科技创新还是工科博士生的培养都越来越需要基础研究和应用研究之间、不同学科之间的共同协作，但分工细化使得很难在某一类型的科研机构内同时兼具各类资源。高校具有基础学科优势，理论水平较高的导师队伍、宽松自由的学术研究氛围、丰富的教育和学术资源，但在应用研究项目、大型实验设备、实践经验丰富的导师和相应的行业资源上存在着不足。工程院所虽然拥有数量众多的重大应用研究项目、优越的大型实验设备条件和实践经验丰富的导师队伍，但教育和学术资源严重不足，理论基础和人才培养氛围薄弱。

因此，想要实现科技创新，保证组织的长远发展动力，就要克服单一组织内部科研资源不足的问题，必须通过相互之间的交流实现基础研究与应用研究的深度合作；想要提高工科博士生的培养质量，应对知识生产"模式2"对工科博士生培养模式带来的挑战，需要组织在立足自身资源和特色的基础上，与其他组织开展更广泛的跨界合作培养。

工科博士生培养不仅与科学技术的发展紧密相关，也处在政治、经济和社会环境的影响之下，同时还处在全球化的大背景之中，被社会对

① 〔美〕杰弗里·菲佛、杰勒尔德·R.萨兰基克:《组织的外部控制——对组织资源依赖的分析》，闫蕊译，东方出版社，2006。

高层次科技人才的需求所制约，也要适应外部环境变化而做出自身的调整，因此工科博士生培养体系与外界联系十分紧密，相互之间的作用很明显。

综上所述，本书综合运用了3种理论视角共同阐释联合培养对我国工科博士生培养模式改革所做出的新探索的意义：借鉴知识生产"模式2"的理论视角刻画全球化背景下的知识生产、科技创新与人才培养的大趋势，提出当前对我国工科博士生培养模式带来的新挑战和新要求；采用资源依赖理论的视角分析高校和工程院所在工科博士生培养上各自具有的资源优势与不足以及相互之间进行合作培养的动力机制；通过协同理论的视角分析高校和工程院所联合培养的效果、存在的问题和影响因素，并进一步构建跨界联合培养的协同机制。

第二节 工科博士生培养模式改革的经验

总体来看，近年来对博士生培养模式的研究是高等教育研究的一个新的热点领域，这与知识经济时代、全球化背景下国际经济、科技和人才的竞争有着密切的联系。进入21世纪以来，创新成为国家发展的驱动力、综合国力和国家竞争力的关键。工科博士生教育是促进科技创新和培养高层次科技创新人才的重要力量。因此，如何对我国工科博士生培养模式进行改革和探索，使其更加适应知识生产模式转变的挑战、全球化的竞争环境和国家社会的需求日益受到研究界的关注。与本书所关注的联合培养和工科博士生培养模式改革相关的研究大致有以下几类。

一 工程教育思想的发展和转变

工程教育思想对工程教育的培养目标、培养过程和评价标准以及工科博士生的培养模式有着重要的影响，国内外工程教育思想的发展和演变是本书研究问题的重要背景。

我国的工程教育思想自1949年之后经历了数次转变。新中国成立之初，百废待兴、人才奇缺，我国的高等教育肩负重任，开始借鉴苏联模式，实行院系调整，大力发展工科院校，为经济建设培养了大批可用的工程科技人才，但这一时期的工程教育存在专业划分过细，实践内容过于具体，学生缺乏宽广的科学和专业知识基础以及综合知识和能力训练不足等问题。① 在科技体制上，由于资金主要来自国家拨款，高校与科研机构对市场需求反应迟缓，科研成果转化过程漫长，企业自主研发能力较差，工程教育和科技体制存在较多问题。

20 世纪六七十年代原子弹和氢弹爆炸成功、第一颗人造卫星上天等重大科学技术的进步，激发了国家、社会和高校对基础科学研究重要性的认识。改革开放后，我国的教育体制进行了重大的改革，高考制度恢复、学位制度建立、国际合作的大门逐步打开。随着国家经济的发展以及对国外高等教育经验的学习和借鉴，建设世界一流大学、发展研究型大学等都提上了日程，"冲击诺贝尔奖"的呼声屡屡见诸报端，国家对基础科学研究的投资也大大增加，大学对教师和研究生，特别是博士生的考核主要以科学研究的成果为标准，工科博士生的培养开始了科学化的倾向。张光斗院士认为，"文革"后，我国工科大学受到美国工程教育的影响，不再提"工程师摇篮"的口号，重点工科大学偏重学生的科学基础，而弱化了对工程技术的培养，但我国企业的研发能力和培训能力比美国要弱，因此很难做到像美国的工科大学生一样，在大学学习科学理论，毕业后再到企业进行实践锻炼，因此工科学生的理论与实践能力培养存在脱节。②

进入 21 世纪以来，我国的经济和社会发展进入了转型期，当前在经济发展的"新常态"之下，转变经济发展方式、提升创新能力成为国家经济发展的重中之重，我国科技人才创新能力和实践能力不足，不能很好地适应国家经济建设、产业发展和工程实践领域的需求等问题逐

---

① 王孙禹、刘继青：《中国工程教育国家现代化进程中的发展史》，社会科学文献出版社，2013；荀勇、程鹏环、王延树等：《高等工程教育——德国工程技术教育的研究与实践》，中国水利水电出版社，2008。

② 张光斗：《工科大学的培养目标和培养模式》，《高等工程教育研究》1996 年第 3 期。

渐显现，于是国家开始更加注重工程科技人才的创新能力和实践能力培养，开展了"卓越工程师"等一系列工程人才培养的改革计划。①

与我国形成对应的是，美国的工程教育思想也在 200 多年的发展中经历了从"技术"到"科学"再到"工程"的"钟摆式"转变。② 美国殖民地时期的高等教育以培养神职人员、律师和医生等专业人士为主。随着 19 世纪美国社会经济的大发展，人口持续增长，工业革命蓬勃开展，迫切需要高等教育培养出大量工程技术人才。1861 年，威廉·巴顿·罗杰斯（William Barton Rogers）创办的麻省理工学院（以下简称 MIT）就代表了当时的社会需求。成立之初的 MIT 定位于培养应用型高级工程技术人才，是一所高等技术学院，其 100 多年的发展史浓缩了美国工程教育思想的发展转变。

20 世纪美国和国际环境发生了很大变化，对高等工程教育的需求也相应发生了转变。自然科学领域内量子力学等新兴学科的发展，显示出了基础科学研究的强大潜力，美国工业的快速发展也对基础科学研究提出了更高要求，MIT 过去的技术学院定位面临着发展困境。1930 年上任的卡尔·康普顿（Karl Taylor Compton）校长提出了"科学立校"的理念，致力于加强 MIT 的基础科学研究，通过基础科学研究带动应用技术发展，从而实现了向研究型大学的转型，并在第二次世界大战中把握住了与政府合作参与国防科学研究的机会，使 MIT 的科研水平进一步提高。③

经历了第二次世界大战和冷战，注重基础科学的思想在工程学科的研究和人才培养中深入人心，以致在 20 世纪 60 年代后，工程教育开始出现偏离工程实践和科学化的趋势，学生距离工程实践越来越远，培养"科学家"和培养"工程师"的界限变得模糊。但另一方面，日本等新

---

① 林健：《"卓越工程师教育培养计划"通用标准研制》，《高等工程教育研究》2010 年第 4 期；林健：《校企全程合作培养卓越工程师》，《高等工程教育研究》2012 年第 3 期；林健：《供给与需求高校工程人才培养结构分析》，《清华大学教育研究》2013 年第 1 期。

② 李曼丽：《工程师与工程教育新论》，商务印书馆，2010。

③ 孔钢城、王孙禺：《创业型大学的崛起与转型动因》，社会科学文献出版社，2015。

兴国家的发展壮大开始逐渐威胁到美国在制造业领域内的传统优势，迫切需要进行工程教育领域的改革。因此，从 20 世纪 70 年代开始，美国工程教育界内"回归工程"的呼声日益高涨。① 在工科研究生的培养中也开始出现类似的反思，美国科学工程和公共政策研究会 1995 年发表了《重塑培养科学家和工程师的研究生教育》报告，对美国自然科学和工程类研究生的教育进行了反思，指出研究生层次工程人才培养的重要性。

20 世纪末和 21 世纪初，随着国际化进程的加快，科技发展日新月异，能源、环境等全球性问题逐渐凸显，人们开始意识到工程的复杂性和系统性，由此出现的"大工程观"教育理念对美国高等工程教育影响深远，它更强调工程实践和创新性教育，注重学生沟通能力、团队合作能力、学习能力和管理能力的培养，改变了工程教育的培养目标、课程设置和评价方式，提升了人文素养和工程伦理教育等在工程教育中的地位，带动了美国工程教育的改革方向，出现了以 CDIO（Conceive，Design，Impllement and Operate）为代表的众多改革案例，产生了大量与商业、统计、管理等社会科学相结合的跨学科工程学位类型，激发了更加广泛的跨界研究生合作培养模式。

虽然中美工程教育思想的转变都是针对整个高等工程教育领域，并且本科生在其中占据了主要部分，但它也会对工科博士生的培养模式，包括培养目标、课程设置、评价标准等产生重要的影响，是对本国工科博士生培养模式进行改革的思想基础和理论依据。

二 博士生培养模式改革的趋势

20 世纪八九十年代以来，许多国家和地区都对博士生的培养模式进行了调整和改革，以适应日趋变化的政治经济环境和现代科技的发展趋势，也为了更好地应对知识生产模式转型的挑战和高等教育的国际竞争。欧洲各国通过欧洲一体化进程，签署了《博洛尼亚宣言》，开展了

---

① 李曼丽:《工程师与工程教育新论》，商务印书馆，2010。

以促进欧洲高等教育一体化为主要目标的"博洛尼亚进程"。在该进程的影响下，欧洲各国对高等教育进行了广泛的改革，博士生教育成为其中备受关注的领域，美国和日本等发达国家也在推进本国的博士生教育改革。总的来看，国外博士生培养模式改革集中于以下几个方面。

1. 更新和调整博士生教育的理念

2003 年 9 月，欧洲各国教育部长在柏林签署了《建设中的欧洲高等教育区：欧洲教育部长柏林会议公告》（简称《柏林公告》），明确将博士生教育作为高等教育的第三层次纳入博洛尼亚进程之中，鼓励大学加强博士生培养合作，希望增强欧洲博士生的流动性和全球竞争力。2005 年的《卑尔根公报》提出要促进博士生培养的结构化改革，建立更加透明的监督评价体系，加强博士生跨学科和可迁移技能的培养，增强博士生就业的适应性。2005 年在"博士生教育与欧洲知识社会"研讨会上，欧洲大学联合会（EUA）提出了完善博士生教育的"十条基本原则"，认为博士生教育要适应新挑战；保持培养模式的多样性；除了注重原始创新，也要满足职业市场对各类高层次人才的需求；建立明晰的监督评价机制，推进教育组织结构创新；促进博士生教育的国际交流合作和互相学习借鉴等。[①]

2003 年，针对美国博士生教育的改革需要，华盛顿大学完成了"重新规划 Ph.D 以满足 21 世纪的社会需要"的研究课题。该课题组在 2004 年召开的研讨会上认为，针对美国博士生教育的现状和问题，必须向未来的博士生讲明博士生教育的内容和要求；在深入学习本学科知识的同时，应鼓励博士生进行跨学科的学习；增加更加实在、更加完整的职业成长体验；使教师发自内心地支持并促进博士生的成长，特别是在研究型机构的文化氛围之中。[②]

---

① 刘亚敏：《迎接新世纪的挑战：欧洲博士生教育的改革动向》，《高教发展与评估》2010 年第 5 期。

② 张济洲：《近年来美国博士生教育面临的问题及其改革措施》，《学位与研究生教育》2008 年第 11 期。

2. 促进博士生教育供给多样化

随着经济社会的发展和科技进步，很多发达国家的政府、社会和大学都逐渐意识到了对博士生教育供给进行多样化改革的必要性。传统纯学术的博士培养观念不能完全适应社会的需求，博士生的培养模式应随着经济社会和高等教育的发展而不断进行创新，不应仅强调学术研究，也要适应知识经济发展的需要。20 世纪 90 年代以来，英国博士生教育开始呈现出多样化的趋势，除了传统的哲学博士学位（Ph. D）之外，还出现了课程类博士学位（Taught Doctorate）、专业博士学位（Professional Doctorate）、论著类哲学博士学位（Ph. D by Published Work）、基于实践的博士学位（Practic-Based Doctorate）和新路线哲学博士学位（New Route Ph. D）等多种新型的博士学位。[1] 1995 年，美国科学、工程和公共政策研究会发表了《重塑科学家与工程师的研究生教育》报告，认为美国科学与工程博士生的培养模式在保持以研究为基础的同时，还应采取一些改革的措施，例如增设加强博士生从事非研究工作就业潜力的课程等，以应对近年越来越多的科学与工程博士进入非传统的学术职业领域就业的形势。[2]

3. 推动博士生培养模式的"结构化"改革

欧洲传统的博士生培养模式深受洪堡大学理念的影响，采用"师徒制"模式，博士生担任导师的科研助手或合作者，课程很少或几乎不需上课，培养过程较少受到院系或大学的管理和监控，师生之间主要是一种私人化的关系。20 世纪八九十年代以后，在高等教育大众化和跨学科、跨机构科研兴起的背景下，传统的"师徒制"指导方式已经很难满足博士生的培养要求，建立联合导师制，实行双导师、多导师或导师小组合作指导是当前欧洲各国博士生导师制度改革的一种大趋势。多导师制模式下一名博士生通常有 2 ~ 3 位导师，其中 1 位是主导师，

① 饶燕婷：《挑战与变革：20 世纪 90 年代以来英国博士生教育的改革动向》，《学位与研究生教育》2010 年第 3 期。

② 张济洲：《近年来美国博士生教育面临的问题及其改革措施》，《学位与研究生教育》2008 年第 11 期。

负责博士生的管理和训练，其他导师参与博士生的科研指导过程，除学者外也可以是来自工业界等非学术部门的专业人士。还有很多欧洲大学采取设立导师管理委员会和签订合同等方式，来促进博士生指导的透明化和结构化。虽然在一段时间内，"师徒制"仍将占据欧洲大陆博士生培养模式的主导地位，但博士生教育的改革理念不断传播，系统化、结构化的博士生培养模式将会受到更多关注和推广。①

通过对博士生培养机构进行改革，研究生院制度在欧洲进一步扩散以促进博士生培养的结构化。法国 2006 年颁布了关于博士生培养的法令，确立了大学博士生院的法律地位，将博士生教育纳入高等教育的三级体系之中。② 芬兰在 1995 年就在高校内设立了研究生院，研究生院制度在博洛尼亚进程后获得更大发展，研究生院作为科研成果社会化、科学知识再生产、科学研究与高等级科研人员训练的专门场所，推动了芬兰博士生教育的发展。③ 英国和德国也同样存在着建立研究生院的趋势。2003 年，英国政府在《高等教育的未来》白皮书中，首次明确提倡高校建立研究生院，以结构化、制度化的方式集中培养博士生。④ 德国进行了设立研究生院等一系列博士生改革举措，研究生院是基于各类跨学科项目建立的博士生培养和科研组织，博士生在研究生院里受到更加规范化、系统化、多样化和结构化的课程训练，接受多位不同导师的集体指导，参与跨学科的科研团队合作，德国的研究生院制度对加强博

---

① 谢晓宇：《"博洛尼亚进程"中德国博士生教育改革的特点与启示》，《外国教育研究》2012 年第 12 期；〔德〕芭芭拉·M. 科姆：《博士生教育去向何方——全球变化背景下欧洲的新举措》，《北京大学教育评论》2007 年第 10 期；沈文钦、王东芳：《从欧洲模式到美国模式：欧洲博士生培养模式改革的趋势》，《外国教育研究》2010 年第 8 期。

② 耿会芬：《博洛尼亚进程背景下的法国博士生教育改革》，《外国教育研究》2009 年第 9 期。

③ 束义明、罗尧成：《博洛尼亚进程中的芬兰博士生教育改革及其启示》，《学位与研究生教育》2010 年第 1 期。

④ 褚艾晶：《以雇主需求为导向的英国博士生教育改革研究》，《学位与研究生教育》2013 年第 5 期。

士生全面知识和能力的培养起到了示范作用。①

4. 开展各类博士生职业能力发展项目

博士生就业去向的多元化和职业能力培养的不足自 20 世纪八九十年代以来就成为美国等发达国家重点关注的问题。面对越来越多的博士生毕业后进入企业、政府等非传统学术研究机构就业的现实，博士生教育不但要注重其在本专业领域的科研能力培养，还应使博士生具备更加广泛的职业能力和资格，提升博士生的可迁移技能，以适应就业范围的不断扩大；博士生的培养不应仅局限于高等教育和研究领域，还需要经济界和公共与私人决策领域的广泛参与。英国科学技术办公室在 1994年就发文指出，研究生除了学术研究之外，还应该具有多种技能以便更加适应潜在雇主的需要；培养过程中应包括对研究生的基本沟通技能和人财物资源管理技能等非学术能力的专门训练环节。②

针对就业去向的不同，对博士生职业能力和素质的培养大致有两种形式。一方面，仍有相当一部分博士生在高校和科研机构从事教学和研究工作，针对这部分博士生，除了科研能力，还应考虑到他们的职业生涯发展，注重提升其职业能力。法国教育部在高等教育内部的 14 个中心实施了博士生兼课机制，既资助了博士生的学业，也在兼课的实践中提升了博士生的专业研究和教学水平，为以后的职业生涯发展奠定了基础。③ 美国学院与大学联合会和研究生院委员会希望培养博士生的教学研究和专业服务能力，使其更加胜任教学与科研工作，于是发起了"未来师资培训计划"，以期为博士生未来的教师职业生涯创造良好开端。④ 另一方面，有越来越多的博士生到政府、企业和其他非营利组织

① 沈文钦、王东芳：《从欧洲模式到美国模式：欧洲博士生培养模式改革的趋势》，《外国教育研究》2010 年第 8 期；秦琳：《从师徒制到研究生院——德国博士研究生培养的结构化改革》，《学位与研究生教育》2012 年第 1 期。
② 饶燕婷：《挑战与变革：20 世纪 90 年代以来英国博士生教育的改革动向》，《学位与研究生教育》2010 年第 3 期。
③ 耿会芬：《博洛尼亚进程背景下的法国博士生教育改革》，《外国教育研究》2009 年第 9 期。
④ 张济洲：《近年来美国博士生教育面临的问题及其改革措施》，《学位与研究生教育》2008 年第 11 期。

就业，他们应用知识、迁移知识和解决问题的能力以及沟通交流、团队合作和组织领导的能力等都是胜任各种非学术工作的重要基础。对这些技能的培养也成为博士生教育改革的重要内容。2002 年，英国政府要求大学为博士生提供可迁移技能的课程和相关训练，并向各大学提供了专项资金。从 2000 年开始，为了应对美国科学与工程领域博士生教育面临的挑战，美国国家科学基金会启动了"研究生教育与科研训练整合计划"，希望这个项目使博士生具备跨学科的知识结构，并具有技术、专业和人际交流技能，能够顺利就业并成为改革和创新的引领者。①

为了帮助博士生顺利开展职业生涯，很多欧洲大学还实施了博士生个人发展规划（Personal Development Plan，PDP），根据每个博士生的自身特点和需求，帮助他们形成自我定位，使其在完成课程学业后能更好地发挥自己的才能，既有利于培养过程的管理，也对博士生的职业发展有利。②

三 工科博士生的联合培养

关于工科博士生联合培养的专门研究较少，通常是包含在博士生培养模式或工程教育的相关研究之中。前者侧重对联合培养的培养模式和运行机制进行研究，后者则侧重从加强学生工程实践能力培养的角度进行研究，通过高校、科研机构和企业的跨界合作来加强学生工程实践能力和创新能力的培养，已成为工程教育研究领域内普遍接受的观点和思路。

从世界范围内来看，高校、科研机构以及企业之间开展合作的历史已经相当长，例如麻省理工学院创校之初，学院和教授就和相关的企业

---

① 沈文钦、王东芳：《从欧洲模式到美国模式：欧洲博士生培养模式改革的趋势》，《外国教育研究》2010 年第 8 期；张济洲：《近年来美国博士生教育面临的问题及其改革措施》，《学位与研究生教育》2008 年第 11 期。

② 李雪垠：《欧洲推进"博洛尼亚进程"的博士生培养改革》，《学位与研究生教育》2006 年第 10 期。

开展了合作研究。① 但机构之间作为主体共同进行学生的培养，特别是研究生层次的联合培养，则主要是在第二次世界大战以后，随着科技革命和新技术兴起以及高等教育大众化的推进而普遍开展的。工科博士生的联合培养模式按照合作机构的类型可以划分为：校内跨学科联合培养、校际联合培养、校企联合培养、高校与科研机构联合培养等。

1. 校内跨学科联合培养博士生

美国的大学较早就开始通过构建跨学科平台在校内开展博士生联合培养，二战期间设立于 MIT 的辐射实验室的成功经验为美国大学开展跨学科研究提供了借鉴。1976 年，MIT 成立了惠特克健康科学与技术学院（Whitaker College of Health Sciences and Technology），这个实体基于几个学院的合作，作为跨学科平台开展科学研究和人才培养，在博士生培养上发挥了重要作用。②

尼奎斯特（J. Nyquist）提出 10 项博士学位获得者应该具备的基本素质，其中就有"跨学科研究能力，跨机构合作能力，在公私立部门工作的能力"。因此，欧洲各国也从各个层面推动跨学科的博士生培养模式，例如，德国、芬兰、丹麦和法国等自 20 世纪 90 年代以来开始建立基于跨学科的研究生院，进行跨学科博士生培养。《卑尔根公报》明确指出大学要提供跨学科的训练，鼓励学生选修其他院系的课程，吸引其他学科的教师共同组成导师委员会；一些大学还允许博士生在两个院系注册，或者设立跨学科学院等。③ 例如，德国斯图加特大学建立小卫星跨学科研究平台，由 12 个校内科研机构联合开展研究和培养博士生，依托研究平台制定博士生研究课题计划。通过这种方式发挥多学科的集群优势，为博士生高水平的论文研究提供了良好的条件；开阔了博士生的视野，优化了博士生的知识结构，一定程度上避免了博士生培养中"窄"和"偏"的问题，为博士生增加了与导师以外的其他教授、学者

---

① 孔钢城、王孙禹：《创业型大学的崛起与转型动因》，社会科学文献出版社，2015。
② 孔钢城、王孙禹：《创业型大学的崛起与转型动因》，社会科学文献出版社，2015。
③ 沈文钦、王东芳：《从欧洲模式到美国模式：欧洲博士生培养模式改革的趋势》，《外国教育研究》2010 年第 8 期。

和专家交流的机会；也有利于博士生协作精神和沟通能力的培养，使博士生能够更好地适应未来的各类工作。①

从 20 世纪 90 年代以来，我国部分大学也尝试开展各种形式的校内跨学科博士生联合培养，例如鼓励导师招收和培养跨学科博士生，建立跨学科培养制度和学术平台，利用课程和科研项目加强跨学科博士生的培养，保证跨学科博士生的学位授予审核等。有研究者认为工学的跨学科博士生培养模式具有知识网络化以及开放性、应用性、操作性、创新性、全面性等特点，并通过对哈尔滨工业大学的调研，从培养目标、招生选拔、课程安排、科研训练、导师指导及质量监控 6 个方面，重构了具有开放性及系统性特征的工学跨学科博士生培养模式。②

2. 校际联合培养博士生

博洛尼亚进程推动了欧洲范围内的校际博士生联合培养。"欧洲联合博士学位"的设立要求高校联合开发或互认课程模块，设有联合招生与考试答辩委员会，博士生应在双方院校进行至少一学期的学习和研究。欧洲联合博士学位证书有 4 种类型：单一学位证书、双博士学位证书、双学位证书加"欧洲博士"的证明书和单一联合学位证书。③

我国自 20 世纪 80 年代就开始与外国联合培养博士生。1987 年，根据中国-加拿大大学管理教育合作项目协议（CIDA），两国在西安交通大学设立了中加联合培养博士生中心，博士生学制为三年半，第一年在西安中心学习，第二年经过选拔赴加拿大相关院校学习，选修 5 门左右课程并从事一定的研究工作，形成博士学位论文选题报告，回国后在一年半内进行相关课程的学习并完成博士学位论文，经考核答辩，合格者由导师所在学校颁发毕业证书和学位证书，中心根据学生的学习情况颁

---

① 吴文启：《德国"大科学"研究模式与博士生培养的科研学术环境》，《学位与研究生教育》2009 年第 6 期；全守杰：《德国工科大学的博士生教育探析》，《研究生教育研究》2011 年第 12 期。

② 王则温等：《跨学科培养博士生促进学科交叉的探讨》，《中国高教研究》2003 年第 8 期；刘婧：《工学跨学科博士生培养模式研究》，哈尔滨工业大学硕士学位论文，2014。

③ 李雪垠：《欧洲推进"博洛尼亚进程"的博士生培养改革》，《学位与研究生教育》2006 年第 10 期。

发中加联合培养博士研究生的证明书。①

为贯彻落实人才强国战略，推进高水平大学建设，提升高层次人才的国际竞争力，自 2007 年起我国在重点建设的高水平大学中实施了"国家建设高水平大学公派研究生项目"。国家每年公派 5000 名以上博士研究生到国外一流的院校和专业，师从一流导师留学学习，攻读博士学位或开展博士生联合培养。到 2013 年，签约高校已基本覆盖"985"和"211"工程的院校。通过该项目，博士生发表了大量高水平研究论文，接受了更加规范的学术训练，更好地接触并融入了国际前沿研究领域，科研能力和综合素质获得提升，视野更加开阔。②

3. 校企联合培养博士生

二战以后，以麻省理工学院和斯坦福大学为代表的美国大学继续加强同企业的科研合作，并将合作扩展到学生的培养中，特别是在研究生层面，校企之间开展了"合作教育"的培养模式。合作通常以经济合作为基础，双方签订合同，由企业提出需求并提供经费支持，大学师生负责科研攻关。这种合作模式在国外大学较为普遍，英特尔和 IBM 公司等很多美国大型企业都与大学有联合培养研究生的项目。③

大学与企业合作成立的人才培养和科学研究基地也成为博士生联合培养的重要平台，日本、加拿大、南非等国大量采用了这种方式推进博士生的产学联合培养。例如，2005 年香港科技大学与微软亚洲研究院签订了合作协议，联合培养计算机专业的博士研究生。④

英国政府还大力鼓励雇主积极参与到博士生培养中，不仅提供项目或资助，还担任博士生的企业合作导师和客座教授，广泛参与联合课程

---

① 袁晓禾：《开辟与国外合作培养博士生的途径》，《学位与研究生教育》1987 年第 12 期；杨金丽：《中加联合培养博士生开学典礼在西安交通大学举行》，《学位与研究生教育》1989 年第 1 期。
② 何峰、胡晓阳、贾爱英：《国家公派联合培养博士生留学成效初探——基于"国家建设高水平大学公派研究生项目"的考察和分析》2012 年第 6 期。
③ 孔钢城、王孙禺：《创业型大学的崛起与转型动因》，社会科学文献出版社，2015。
④ 李欣：《香港博士生培养模式研究》，华东师范大学硕士学位论文，2003；王文礼：《南非博士生教育的现状、问题和对策》，《高教探索》2014 年第 1 期。

的开发。^① 在德国，传统上只有综合性大学（含师范学院）才有博士学位授予权，企业必须与高校合作进行博士生培养，企业导师通常是大学的兼职导师，也有部分在企业从事科研工作的博士生，他们则需要在大学找到一位适合的导师，并在其指导下开展学术研究。^② 欧洲其他国家的大学也广泛开展了与工业界联合培养博士生，或者通过商业化的研究项目来合作培养博士生，尤其是在自然科学和工程科学等应用性较强的领域中。^③ 为了全面提升国家工业发展水平和科技竞争力，加强大学、研究机构和工业界的联系与合作，澳大利亚于 1990 年开始发起合作研究中心（Cooperative Research Centres）计划，在合作研究中心里通过高校和工业界的合作可以促进博士生培养的多样化，特别是当博士生在工业界的导师预期学生在工业界就职时，其博士学位论文更接近知识生产"模式2"。^④ 大学和工业界联合培养的博士生充当着在二者之间进行沟通联络的"中介"或"经纪人"角色，促进了大学和工业界之间的沟通和合作。^⑤

　　国外的工程博士专业学位研究生主要采用大学和工业界联合培养的方式。以英国为例，英国的工程博士学位由工程和自然科学研究委员会（EPSRC）设置，依托于工业博士中心（Industrial Doctorate Centre）进行大学和工业界的联合培养，目标是培养既具有丰富的工程经验，也能在商业环境中引领前沿研究，适应工业界更广泛角色的研究型工程师（Research Engineerings），建立大学学术团队和工业界公司之间高质量

---

① 褚艾晶：《以雇主需求为导向的英国博士生教育改革研究》，《学位与研究生教育》2013年第 5 期。沈文钦、王东芳：《从欧洲模式到美国模式：欧洲博士生培养模式改革的趋势》，《外国教育研究》2010 年第 8 期。

② 朱佳妮、朱军文、刘莉：《德国博士生培养模式的变革——"师徒制"与"结构化"的比较》，《学位与研究生教育》2013 年第 11 期。

③ 沈文钦、王东芳：《从欧洲模式到美国模式：欧洲博士生培养模式改革的趋势》，《外国教育研究》2010 年第 8 期。

④ Harman, K. M., Producting "Industry-Ready" Doctorate: Australian Cooperative Research Centre Approaches to Doctoral Education. Studies in Continuing Education, 2004, 26（3）：387-404.

⑤ Wallgren, L. & Dahlgren, L. O. Industrial Doctoral Students as Brokers between Industry and Academia. Industry and Higher Education, 2007,（21）：195-210.

的合作机制和框架。①

20 世纪 80 年代以来，我国部分大学就开始与行业企业合作培养在职博士生，例如清华大学从 1986 年开始与宝山钢铁公司等单位开展合作，录取了 18 名在职的工科博士研究生。之后有更多大学加入在职博士生的培养工作中来，依托大学的基础研究平台，吸引行业企业专家进入博士生导师队伍，面向行业企业的工程实践难题，定向培养高层次工程研究人员，较好地提升了我国大型企业和行业领域的专业人才队伍水平。②

随着我国经济社会发展对工程技术领域高层次创新型专业人才需求的增加，2011 年我国设立了工程博士专业学位，开展了由高校和企业联合培养工程技术领军人才的试点。目前招生对象为有较好工程技术理论基础和较强工程实践能力的硕士学位获得者，一般从企业高层工程技术和管理人才中选拔并进行在职教育，学位论文与解决重大工程技术问题、实现企业技术进步和推动产业升级紧密结合，工程博士生由高校和企业导师共同指导，依托高校和企业合作组建的工程博士教育中心进行联合培养。工程博士专业学位的设立结束了长期以来我国工科博士生类型单一的局面，丰富了高层次科技人才的培养体系。

4. 高校与科研机构联合培养博士生

目前世界上主要发达国家的科研机构均较为深入地参与到了博士生的培养中，可通过和发达国家的经验进行比较，为解决我国工程院所博士生培养的问题提供可借鉴的思路。

我国科研机构独立培养研究生源于新中国成立后对苏联经验的学习。苏联 1934 年通过的《关于科学工作者及科学教育工作者的培养》和《关

---

① Engineering Council, UK-SPEC, http：//www.engc.org.uk/professional-qualifications/standards/uk-spec.ENAEE, "EUR-ACE Framework-Standards for the Accreditation of Engineering Programmes", 2008 – 11 – 05：4.http：//www.enaee.eu/wp-ontent/uploads/2012/01/EUR-ACE_Framework-Standards_2008 – 11 – 0511.pdf.Scott, D., Brown, A., Lunt, I. &Thorne, L. Professional Doctorates：Integrating Professional and Academic Knowledge, 2004, Buckingham：Open University Press.

② 木子：《清华大学积极采取措施开辟从在职人员中招收培养博士生的新途径》，《学位与研究生教育》1987 年第 6 期；丁仲礼：《产学研联合培养在职博士生》，《中国科学院院刊》2000 年第 5 期。

于学位和学衔条例》的决议规定了其科研机构和高校一样具有独立招收、培养研究生并授予学位的资格，以及研究生教育的首要任务就是为科研机构和高校培养后备专家。俄罗斯的研究生教育体系是在苏联的基础上发展起来的，其研究机构仍可以独立招收并培养研究生。经过苏联解体后的震荡期，20 世纪末俄罗斯研究生规模出现了显著增长，科研院所研究生人数总体上也有增长，但在某些专业却呈现下降趋势。授权培养研究生的科研院所数量在 1991 年达到 878 所的高峰，2001 年初又减少到797 所，回复到 1988 年的水平，设有研究生部的高校数量则不断增长。此外，科研院所研究生虽然有得天独厚的科学实验条件，但是能够按期答辩和最终完成论文答辩的毕业生却不多，例如 2000 年最终完成论文答辩的科研院所研究生仅占 22.9%，相当于大学研究生部 1992 年的水平。①

在美、德、日等国，科研机构参与研究生培养的主要方式是与高校开展合作。以德国为例，战后德国科研机构的主导模式是以马普协会和弗朗霍夫协会等为代表的非营利科研机构模式，这些科研机构承担了大量研究工作，有一流的研究人员、设备和经费条件，但在德国只有大学拥有博士学位授予权，这种制度设计保障了科研机构和大学在研究生培养上开展互补合作的基础。马普学会主要支持知识前沿领域的创新研究并致力于促进技术转移，与大学的科研合作十分密切，注重吸收优秀的在校生参与多学科综合型的长期研究项目。2000 年，马普学会在其科研后备人才促进计划中就资助了来自德国内外的 1324 名博士生和 2678名博士后。② 马普学会在 2000 年与哥廷根大学合作设立了分子生物和神经科学的硕士/博士项目（MSc/Ph. D programmes）。③ 致力于应用研究的弗朗霍夫协会其下属研究所都设立于德国各大学之中，便于其科研人员直接参与高校的教学活动，特别是研究生培养，有利于科研人员的知

---

① 高新、叶赋桂、赵伟：《俄罗斯研究生教育培养体系的历史变迁》，《俄罗斯中亚东欧研究》2004 年第 6 期。

② 夏清泉：《科研机构与高等院校联合培养研究生的机制研究》，中国科技大学博士学位论文，2013。

③ 沈文钦、王东芳：《从欧洲模式到美国模式：欧洲博士生培养模式改革的趋势》，《外国教育研究》2010 年第 8 期。

识更新和后备力量选拔，也便于充分共享科研资源，降低研发成本。①

美国伍兹霍尔海洋研究所（Woods Hole Oceanographic Institution）是世界最大的私立、非营利性海洋工程教育研究机构，自 20 世纪 60 年代起就与麻省理工学院签订了合作培养研究生的计划，海洋研究所的研究员被聘为麻省理工学院的兼职教授，海洋研究所的学生毕业后授予 MIT 的学位。到 2010 年，双方共联合培养了近 800 名博士生。②

在上述国家也有一些研究机构或研究机构的联合体具备独立授予博士学位的资格，前者例如美国的兰德研究院，后者则以日本综合研究大学院大学③为代表，但相对数量较少，并且也均与周边相关大学保持着密切的科研和人才培养交流合作。因此，总的来看，打破机构界限的障碍和约束，加强学术交流、资源共享和人员与项目的合作，并通过合作参与研究生培养，以实现科研互补和人才选拔是目前世界范围内科研机构参与博士生培养的重要方式。

从我国的情况来看，上海光机所从 1984 年就开始与浙江大学、复旦大学开展联合培养研究生。④ 高校和科研机构在博士生培养上的合作一直普遍存在。2009 年教育部与中国科学院、中国工程院先后出台了高等学校与科研机构联合培养博士研究生的相关文件，2010 年教育部与中国工程院共同推动了高校和工程院所联合培养博士生项目，开始由国家推动在部分高水平高校和工程研究院所开展大规模联合培养博士生的改革试点工作。⑤

高校和工程院所联合培养博士生是近年来产学研合作研究的重要组成部分，但目前大部分关于产学研合作的研究集中在"高校-企业"这

① 樊立宏、周晓旭：《德国非营利科研机构模式及其对中国的启示——以弗朗霍夫协会为例的考察》，《中国科技论坛》2008 年第 11 期。
② 李晓：《我国研究生联合培养模式研究》，青岛大学硕士学位论文，2009；孔钢城、王孙禺：《创业型大学的崛起与转型动因》，社会科学文献出版社，2015。
③ 注：日本综合研究大学院大学，简称"综研大"，是 1988 年设立的日本国立大学，也是日本国内第一所只设有博士课程的大学院大学。
④ 周桂清：《所校联合培养研究生初探》，《学位与研究生教育》1986 年第 4 期。
⑤ 李晓：《我国研究生联合培养模式研究》，青岛大学硕士学位论文，2009；夏清泉：《科研机构与高等院校联合培养研究生的机制研究》，中国科技大学博士学位论文，2013。

一合作模式上，聚焦于职业教育、应用型本科和工程硕士这几个层次的校企合作中。对于博士层次的联合培养研究不多，针对"高校-工程院所"联合培养博士生进行专门研究的就更少。

究其原因，相较于美国等发达国家，我国生产型企业的研发水平较低，企业科技投入不足，产品科技含量和企业研发人员的科研水平仍有待提高，因此，高校和企业的人才培养合作集中在相对较低的学位层次上。虽然企业可以通过提供实习岗位、建立实习基地、设立横向科研项目等方式为高校的工科博士生培养提供部分实践支持，但事实上目前除了少数大型企业外，大部分企业尚不具备博士生培养的基本条件，也缺乏作为培养主体参与博士生培养的足够动力，因此工科博士生产学联合培养的相关研究也比较少。

而具有企业性质的工程院所既具有工科博士生培养的基础条件和长期传统，也能够与高校形成理论与实践上的优势互补，还具有与高校相近的科研体制和氛围，可以作为当前我国工科博士生培养模式应对新挑战和新需求、开展跨界合作的一种值得研究的新探索。高校和工程院所正式开展联合培养博士生的历史较短，近几年在国家政策推动下才有了大规模的发展和制度支持。目前已有部分研究者关注到这一联合培养模式，进行了相关研究探索，主要聚焦在意义阐释、案例研究、经验交流、效果总结和问题反思等层面[1]，在理论探索、模式创新和机制建设上仍有待持续追踪和不断深入。

综上所述，各国对传统博士生培养模式存在的问题和不足形成了一

---

① 李金龙、张淑林、裴旭、陈伟：《协同创新环境下的研究生联合培养机制改革》，《学位与研究生教育》2014 年第 9 期；何峰、贾爱英、郑义、王仰麟：《高等学校与工程科研院所联合培养博士生试点工作实施效果的调查分析》，《学位与研究生教育》2014 年第 2 期；蒋林浩、何烽、郑娟：《高校与工程院所联合培养博士生的组织文化冲突分析》，《研究生教育研究》2015 年第 4 期；刘贤伟、马永红、马星：《校所联合培养博士生项目目标定位及其影响因素模型构建——基于扎根方法》，《高等工程教育研究》2016 年第 2 期；刘贤伟、马永红：《高校与科研所联合培养研究生的合作方式研究——基于战略联盟的视角》，《研究生教育研究》2015 年第 2 期；夏清泉：《科研机构与高等院校联合培养研究生的机制研究》，中国科技大学博士学位论文，2013；北京航空航天大学首都高等教育发展研究基地：《高校与科研院所联合培养研究生典型案例汇编（2012）》，北京大学出版社，2014。

定的共识，特别是对以德国为代表的传统"师徒制"培养模式进行了广泛的反思，欧洲各国也逐渐向以美国为代表的"结构化"培养模式方向转变，并广泛开展了各种"协作式"联合培养。目前对博士生培养模式的研究多从现状与问题入手，结合本国、本地区实际，并借鉴先进经验，从而开展博士生培养模式的改革与创新。从宏观层面探讨博士生培养模式改革的研究较多，从导师和学生的角度出发对培养模式改革的效果和问题进行研究的较少；对各学科博士生培养模式进行综合研究的较多，对工科博士生培养模式改革进行专门研究的较少。对高校和工程院所联合培养博士生的研究，主要集中在讨论联合培养的背景，介绍项目开展情况和已有经验，并进行案例研究之上，从理论深度对联合培养进行系统阐释分析的不多，对其培养模式和合作机制的研究较少，从知识生产"模式2"的理论出发，从国内外工科博士生培养模式改革变迁的角度来看待联合培养博士生这种新型改革探索模式的较少；目前已有研究大多从宏观层面或通过问卷调查对联合培养项目进行总结和评价，从导师和学生实际参与者和亲历者的视角入手，采用细致深入的研究方法对联合培养的培养模式特点和运行机制问题进行研究的不多。因此，本书将参照知识生产"模式2"的理论视角，并借鉴资源依赖理论和协同理论，研究我国工科博士生培养模式的现状及问题，高校和工程院所联合培养博士生项目的运行效果及其在知识生产"模式2"背景下的改革探索意义，分析并构建高校和工程院所跨界联合培养博士生的合作动力机制。

第三节　研究方法与内容框架

一　研究方法

选择研究方法要依据研究问题，有什么样的研究问题相应就会选择什么样的研究方法。本书试图通过统合和对照导师和博士生两种身份视角，考察高校和工程院所联合培养博士生项目作为对我国工科博士生培养模式进行改革的一种新探索，参与其中的导师和博士生对联合培养的看法与态度，对合作效果、存在的问题与困难、影响因素的认识和感受，以及对未来跨界联合发展趋势的判断十分重要，期待他们以亲历者的眼光讲述如何看待处于不同的科研分工和资源优势位置上的"自我"和"他者"在博士生培养模式上的特色，分享他们在改革探索过程中的体验、认知和情感。这些问题在当前的组织环境下具有一定复杂性，并且研究是基于不同群体对培养模式和改革项目的深刻体验和感受，因此需要针对典型案例进行深入、生动、细致的探究。

"质的研究是以研究者本人作为研究工具，在自然情境下采取多种资料收集方法对社会现象进行整体性探究，使用归纳法分析资料和形成理论，通过与研究对象互动对其行为和意义建构获得解释性理解的一种活动。"[1] 一些学者认为，质的研究适合研究复杂的社会现象，也更有可能获得深刻的认知。和量的研究相比，虽然质的研究不擅长描述大规模样本的规律性问题，但是更适合对复杂的社会现象在较小的范围内，从微观层面对个别事物进行深入的分析和动态的描述。质的研究还强调在自然情况下收集资料，十分注重当事人对问题的看法和看问题的视角，注重资料的生动性、丰富性，力求获得对研究对象较全面深刻的认识，并通过归纳的方法力求得到一个比较全面的解释性理解。

从研究对象的特点来看，联合培养项目 2010 年才启动改革试点，在本书调研的 2013~2014 年，符合要求的研究对象（已进入科研项目研究或学位论文选题阶段的高年级博士生）总体数量较少，较难满足大规模随机抽样调查所需，因此，量的研究方法目前尚不适合作为本书最主要的研究方法。而对正处于发展变化之中，具有一定情境性且尚未形成定论的研究问题和研究对象来说，质的研究方法则更为适用。今后，随着联合培养博士生项目的持续发展和培养规模的不断扩大，未来能够形成较大规模的研究对象群体，届时可采用量的研究方法对联合培养这种培养模式进行广泛深入的研究，与质的研究结果形成对照并相互

---

① 陈向明：《质的研究方法与社会科学研究》，教育科学出版社，2013。

借鉴、相辅相成，这也是笔者未来的研究计划之一。

从本书的研究问题、目的和研究对象的特点来看，选择质的研究方法作为本书主要的研究方法都是比较适合的。本书主要通过深度访谈收集资料，并结合文献法和前期问卷调查勾勒我国工科博士生培养模式的现状和宏观背景，作为质的研究的验证和支撑。在研究视角上有两个维度，一个维度是机构类型，分为高校和工程院所，另一个维度是身份类型，分为博士生导师和博士生，两个维度交织共同构成了考察我国工科博士生培养模式新探索的视域。

二　抽样方法和过程

量的研究强调概率抽样和大规模样本，以保证结论可以推广到抽样所在的总体之中。质的研究与量的研究思想基础不同，并不期待将研究结果从样本推广到总体之中，甚至质疑这种推广的可靠性和必要性。它期待的是对研究对象获得细致深入的解释性理解，所以样本数量通常比较少，也不采用概率抽样方式选取样本。①

本书采用"目的性抽样"方法，该方法在质的研究中较为常用，即选择最符合研究目的，能为研究问题提供最多信息的研究对象。② 为了解我国工科博士生培养模式的现状和问题，高校和工程院所联合培养博士生的效果、存在问题和影响因素，构建跨界联合的协同机制，本书采取了"分层目的性抽样"方式，将样本按照所属单位的类型分为高校和工程院所两类，按照身份分为导师和博士生两类，这种分层方式既可以考察研究对象作为一个整体的异质性，也可以灵活地在不同层次和种类的研究对象群体之间进行比较和归纳，既可以将导师作为一个整体和博士生进行对照，也可以将高校师生作为一个整体和工程院所的师生进行对照，比较他们对工科博士生的培养模式和联合培养的认识和观点存在哪些共性和差异。

① 陈向明：《质的研究方法与社会科学研究》，教育科学出版社，2013。
② 陈向明：《质的研究方法与社会科学研究》，教育科学出版社，2013。

1. 抽样过程

质的研究并不是一个线性的过程，而是一个灵活开放、循环往复、不断聚焦和调整的过程，有研究者将这个过程比喻为一个在不断转动中进行聚焦的螺旋形圆锥体。① 本书抽样、收集资料和分析的过程也是一个不断循环和调整的整体过程，首先根据研究问题开始着手选择研究对象、收集资料，同时进行初步分析，并根据分析的结果不断凝聚研究问题，进而明确想再去收集和补充的资料。

本书共进行了三轮访谈，前两轮由笔者结合中国工程院课题"高等学校与工程院所联合培养博士生的机制与模式研究"进行，第三轮由笔者单独进行。

第一轮访谈时间为 2013 年 12 月至 2014 年 3 月，共访谈导师 13 人（高校导师 3 人，工程院所导师 9 人），博士生 9 人（第一导师在高校的 1 人，第一导师在工程院所的 8 人），分别进行了一场高校师生座谈会和一场工程院所博士生座谈会。

这一阶段处于研究初始阶段，仍在聚焦研究问题和研究路径，以探索联合培养项目本身为主，注重高校和工程院所在科研和博士生培养上的资源差异，以及由此产生的合作期待、取得的成效、存在的不足与建议期望。

这里需要特别说明的是选择"工科"导师和博士生样本时笔者对学科的考虑。虽然从学科大类来看，理科与工科之间存在着明确的界限，但是在调研过程中发现，博士生培养单位和导师的学科认同与学科大类的划分不尽相同。例如，A 大学石油地质学授予的是理学学位，其联合培养合作方 J 研究院授予的是工学学位，但受访导师和博士生却认为双方属于同一大的研究领域之中，实际上是关系密切的同行，只是科研分工不同。不同的单位对学科划分的方法也存在差异，H 研究总院和 E 大学之间有着数十年的科研合作历史，H 研究总院研究磁性材料先进制备技术的工科导师，其合作方为 E 大学物理系的一位同一研究领域

---

① 陈向明：《质的研究方法与社会科学研究》，教育科学出版社，2013。

的同行。因此，虽然这两个联合培养案例都是工学与理学导师的联合培养，但考虑到双方的科研同属于相关工程学科的研究领域，因此仍将其放在工科博士生联合培养的研究对象范围内。总体上，样本所属学科以《授予博士、硕士学位和培养研究生的学科、专业目录》划定的"工学"范围为主要依据，兼顾博士生培养单位以及导师、博士生个人的研究特点，至少保证样本所从事的都是工程学科的研究或学习。

经过第一轮访谈，研究问题不断聚焦，进而发现高校和工程院所在博士生培养上既存在各自的特色，也存在具有共性的问题和共同的追求，开始思索如何构建二者联合培养的协同机制框架，并陆续开展了第二轮和第三轮的访谈。

第二轮访谈时间为 2014 年 5~6 月，共访谈了参与联合培养的 2 位工程院所导师和 3 位第一导师在工程院所的博士生。由于对工程院所博士生培养的已有研究和笔者当时掌握的材料都较少，因此第二轮主要对工程院所的师生进行了补充访谈。这一轮访谈更加关注高校和工程院所博士生培养模式存在的共性问题，并将跨界博士生培养的"私下合作"行为与国家推动的联合培养项目进行了比较，分析二者在合作动力和协同机制上的差异。

第三轮针对高校非联合培养工科导师和博士生的访谈集中于 2014 年 5~8 月，共访谈高校导师 4 人和博士生 5 人。考虑到第一轮和第二轮访谈都是以联合培养为切入点，内嵌着一个"高校-工程院所"的二元对照框架，有可能存在研究视野过窄，忽视在我国工科博士生培养中占据主要地位的高校等问题，因此希望通过对非联合培养的高校工科导师和博士生进行补充访谈，进一步拓展研究视野，丰富材料内容。对高校非联合培养工科导师和博士生的访谈内容主要用作第二章（中国工科博士生培养模式的现状与问题）的补充和验证材料，这一轮访谈的 9 位高校师生不作为本书主要的研究对象。

2. 前期问卷调查和访谈提纲调整

研究采取的是半结构化访谈，访谈过程具有一定的开放性和灵活性，但并不是没有访谈提纲，相反访谈提纲的设计非常重要，它提示并按照逻辑顺序列出了研究者想要了解的主要内容和研究问题覆盖的大致范围，一方面保证访谈过程始终聚焦于研究者关心的问题，另一方面给受访者提供了较多的表达空间。访谈对象有导师和博士生两种身份，于是针对这两种身份设计了相互对应的访谈提纲，方便进行对照。访谈提纲具有概括性和框架性，通常每一道题目都是关于培养模式的一个重要环节/要素，例如导师指导方式、对发表文章的要求、博士论文选题的过程等，笔者会注明关心的问题或受访者可能的回答以及据此进行的追问。但是总体上而言，具体的提问方式和探究的重点并不限定，而是鼓励受访者根据自己的情况和观点就某一培养环节或要素进行回答，并且提问也不是严格按照提纲所列顺序，而是根据受访者的回答进行适时调整。

访谈提纲也是一个不断丰富、完善和调整的过程。最初进行访谈时，提纲比较概括，随着受访对象的不断增加，对研究问题的认识更加清晰，对工科博士生培养模式的细节了解更多，提纲的细节也不断完善（见附录 B）。

在第一轮访谈开始之前，笔者根据"高等学校与工程院所联合培养博士生的机制与模式研究"课题的研究目的设计了针对参与联合培养的导师、博士生和管理人员 3 种不同身份的问卷，以大致了解当前联合培养的基本现状和不同群体对联合培养的满意度。问卷发放至 3 家高校和 16 家工程院所，共发放约 250 份，回收 218 份（导师 65 份、博士生 110 份、管理人员 43 份），回收率约 87.2%。问卷调查的目的与本书的研究意图有所不同，但对问卷调查的结果进行初步分析，可以为本研究的抽样方式和访谈提纲设计提供参考和支持。

前两轮访谈提纲基本参照"高校-工程院所"的二元对照框架，辅以"参与期待—效果与收获—存在的问题—建议与展望"的逻辑顺序来设计。第三轮对非联合培养高校导师和博士生的访谈提纲则更具有开放性和灵活性，对博士生的访谈是按照"读博动机—课程体系—科研训练—资格考试—论文题目—发表文章—就业意向"的培养环节顺序来设计的,对导师的访谈则增加了工科博士生培养模式及其所处背景和环境发展演变等问题。(见附录 B.4 和 B.5)

3. 研究对象的选择和描述

三轮共访谈了导师 19 人和博士生 17 人,接下来对研究对象进行了筛选。首先不将管理人员作为本书的主要研究对象,对管理人员的访谈主要是为接下来对导师和博士生的访谈打下基础,并且在研究过程中通过分析可以发现从受访管理人员处获得的信息,大部分都可以在对导师和博士生的访谈中得到,因此只将其作为分析导师和博士生访谈内容时的有益补充并为其提供验证。

研究初期举办的 2 场联合培养座谈会,由于讨论的问题比较分散,发言人数众多,每人轮流发言时间较短,也很难进行追问,再加上导师或管理人员和博士生同时在场,考虑到博士生发言时可能存在顾虑,因此,座谈会的内容主要作为补充材料使用。

接下来,在受访师生中排除掉了 4 个无法达到研究目的要求的样本(导师和博士生各 2 人),均为第一轮访谈对象。在质性研究中,研究问题常常随着调研过程的不断深入而逐渐聚焦,可能对最初那些访谈对象提出的问题与最终凝练而成的研究问题并不完全一致,这就需要增加访谈对象或对原访谈对象进行补充提问。由于前两轮访谈中有一部分受访对象是通过课题组联系的,部分受访对象难以再联系到,当存在较多空白而无法进行补充访谈时,只能排除。其他通过笔者本人联系的访谈对象接受补充访谈的概率则大大增加。

因此,最终确定的主要研究对象为 23 人,其中导师 13 人(参与联合培养的高校导师 3 人、工程院所导师 10 人),博士生 10 人(其中第一导师在高校的 1 人,第一导师在工程院所的 9 人)。受访导师和博士生的相关信息详见附录 A。

上述研究对象共涉及 5 家高校和 7 家工程院所,大多数位于北京,只有 2 所高校分别位于东北和华东地区。5 所高校均为全国重点大学,其中 4 所为"985 工程"高校，1 所为"211 工程"高校（见表 1-3）。7 家工程院所多数为前两批获得博士学位授予权的科研机构。从单位性质来看，有 4 家工程院所原为国家部委所属的研究机构，在科技体制改革后现为国务院国资委直接管理的中央企业，另有 1 家国家计划单列的科研机构，1 家部委所属的科研事业单位，1 家中央企业的下属科研机构，这 7 家工程院所均为各自所在行业内规模较大的综合型研究开发机构或科技型企业（见表 1-4）。

表 1-3　受访对象所属高校的相关信息

单位	案例中的合作单位	所在地区	类别	特色
A 大学	G 研究院、J 研究院	北京	"985"工程	综合型、研究型国家重点大学
B 大学	H 研究总院、I 研究院、K 研究院	北京	"985"工程	综合型、研究型国家重点大学，尤其以理工学科见长
C 大学	F 研究总院、H 研究总院、L 研究总院	北京	"211"工程	以工科为主要优势的多学科国家重点大学
D 大学	G 研究院	华东	"985"工程	前沿科学和高新技术为主、兼有特色管理和人文学科的综合型国家重点大学
E 大学	H 研究总院	东北	"985"工程	以工科为主要优势的多学科国家重点大学

数据来源：根据 5 家单位官方网站整理。

表 1-4　受访对象所属工程院所的相关信息

单位	案例中的合作单位	单位性质	所在地区	所属行业	获得博士学位授予权	一级学科博士学位授权点数	博士后流动站数	博士生导师数
F 研究总院	C 大学	央企	北京	有色金属	首批	2	2	34
G 研究院	A、D 大学	国家计划单列单位	北京、四川等地	国防尖端武器	第三批	5	4	209

续表

单位	案例中的合作单位	单位性质	所在地区	所属行业	获得博士学位授予权	一级学科博士学位授权点数	博士后流动站数	博士生导师数
H 研究总院	B、C 和E 大学	央企	北京	钢铁	首批	2	2	58
I 研究院	B 大学	国家部委所属事业单位	北京	水利	首批	2	2	83
J 研究院	A 大学	央企下属的二级研究机构	北京	石油和天然气	第二批	2	2	65
K 研究院	B 大学	央企	北京	建筑	首批	1	1	27
L 研究总院	C 大学	央企	北京	机械和装备制造	第二批	1	2	40

数据来源：根据 7 家单位官方网站整理。

4. 样本规模

样本的规模在质的研究中并没有固定的规定，视研究问题和研究条件的限制情况而定。质的研究并不需要大规模的样本以保证研究结论的可推广性，而是通过对选定的样本进行细致的分析从而对特定问题进行深入探讨，所以质的研究样本规模通常较小[1]，达到饱和水平即可。

施特劳斯和科尔宾（Strauss and Corbin）认为样本达到饱和时有下述特点：能收集到的新的相关数据不断减少；某一类别的维度和内容获得了较好的发展；类别之间的关系已经形成并确立。[2] 也就是说，研究者已很难从新样本中再获得新的有用信息，研究问题在原有研究对象中已充分展现，这时可以认为样本规模已经达到了饱和水平，对研究问题来说抽样数量已经足够。

本书以高校和工程院所联合培养博士生为切入点考察我国工科博士

---

[1]　陈向明：《质的研究方法与社会科学研究》，教育科学出版社，2013。

[2]　Strauss, A. & Corbin, J., Basics of Qualitative Research：Techniques and Procedures for Developing Grounded Theory（2nd edition），1998，London：Sage Publications.

生培养模式的新探索。从单位类型来看，有高校和工程院所；从身份类型来看，有导师和博士生，它们都是研究联合培养模式不可或缺的研究对象。所以，至少应该在高校导师、高校博士生、工程院所导师、工程院所博士生四种身份中都找到能够充分反映所需信息的研究对象，才能认为抽样已经达到了饱和水平，经过三轮访谈以及筛除不符合要求的样本，最终确定的研究对象为 23 人。

三 资料的收集、整理和分析

在质的研究中，收集、整理和分析资料并不是完全按照时间顺序先后进行的，而是相互交叉和重叠，有时甚至同时发生。整理和分析资料是进行意义阐释的基础，也是保证研究结果严谨性的必要步骤，在质的研究过程中十分重要。[①]

1. 资料收集

质的研究中资料种类和形式多种多样，也有多种方式来进行资料收集，观察、访谈和实物分析是其中最常用的三种方法。[②] 访谈是本书最主要的资料收集方式，在访谈过程中辅以对受访者的观察。

初步选定了访谈对象后，主要由笔者打电话提出访谈邀约（在研究初始阶段有少量受访者是通过课题组联系的），详细告知访谈的目的和主题，也可将访谈提纲先发至对方邮箱供参考，如果对方同意则约定访谈时间和地点；如果对方需要考虑或想看过提纲后再做决定，则约定下次联系的时间。

半结构化访谈在访谈过程中会保持一定的开放性和灵活性，根据访谈提纲提示大致的提问和讨论范围，能够给受访者提供较大的发挥空间，并根据受访者的反馈进行相应的追问，与对方进行互动。虽有录音笔可以记录下访谈中的每一句话，但是仍在访谈过程中坚持做访谈笔记，记录对方回答问题时的神态、语气、姿势等观察到的信息，或者笔

---

① 陈向明：《质的研究方法与社会科学研究》，教育科学出版社，2013。
② 陈向明：《质的研究方法与社会科学研究》，教育科学出版社，2013。

者认为访谈过程中的亮点和值得注意的地方等。

通常在访谈结束前会快速浏览访谈提纲查看是否有遗漏的问题，并进行最后一个开放性问题，让受访者提出对联合培养博士生或者是对博士生培养模式未来发展的建议，也借助这个问题帮助受访者整理整个访谈过程并进行总结。访谈结束后，会询问对方是否方便今后在必要时保持联系以便进行补充访谈，最后对接受访谈表示感谢。

2. 资料整理

在收集资料的同时对其进行初步的整理和分析。每次访谈结束后，都会根据访谈笔记，整理访谈过程中的感受、亮点、今后值得注意的地方等，也对每个受访对象回答问题的完成度有了初步的判断。此后，在每一阶段的访谈结束后，都会用一段时间集中进行资料的整理和分析。

首先，将访谈录音整理成文字。反复听录音转录成文字的过程，是熟悉和掌握材料的过程，也是对材料进行分析必备的基础。通过反复熟悉材料达到对每份材料的内容都了然于心的程度，并通过反复听录音，结合访谈笔记，回顾访谈现场的情形，在文字旁边进行备注和补充说明。

然后，对所有访谈资料进行编号，在此基础上建立编号系统。编号系统包含着受访对象的类别（L为联合培养，N为非联合培养）、身份（D为导师，S为博士生）、所属单位类型（X为高校，S为工程院所）、在同类受访对象中的序号（序号大致按照受访时间先后顺序排列）、访谈时间等。例如，编号L-D-X03-140103的受访者，指的是在2014年1月3日受访的一位高校联合培养导师，这位导师在所有受访的高校联合培养导师中排在第3号。

对导师的访谈材料基本按照所属单位的类型分类进行分析和整理，便于在高校和工程院所之间进行对照。但对联合培养博士生访谈材料的分析并没有按照第一导师所在单位又具体细分为两类类比，而是统一对10位受访博士生的材料进行分析整理。原因是虽然大部分博士生主要在第一导师所在单位进行项目研究和论文写作，但在调研过程中发现博士生名义上的第一导师和实际的项目指导教师很可能存在错位关系，有的博士生经过双方导师协商在第二导师处进行项目研究，并由第二导师指导博士论文，有的博士生从事双方导师合作的科研项目，第一和第二导师对科研项目和博士论文的指导难分主从关系，具体情况十分复杂，不便再对博士生第一导师所在单位类别进行区分。

3. 资料分析

资料分析是对材料进行浓缩和归纳的过程，也是得出研究结论最重要的步骤之一。对资料的初步分析在收集和整理资料的过程中就已同步开始。在阅读资料的时候，尽量保持开放的态度，时时提醒自己"悬置"前设和判断，充分沉浸到资料之中，感受资料所具有的生命和想要发出的声音，在"倾听"和"体悟"的过程中，通过与资料的互动和磨合，从不同的层面上寻找资料中的意义，不断聚焦研究问题，从而形成自己的分析思路。

例如，研究最开始主要关注的是高校和工程院所工科博士生培养模式中的"不同"，探究这些"不同"产生的原因以及二者由"不同"产生的合作动力、带来的合作效果和障碍等。但在对第一轮访谈材料进行反复开放式阅读的过程中，经常看到"我们也是这样""我们也认为"这一类字眼，开始注意到高校和工程院所博士生培养模式中存在的相同之处和共性问题，于是在后续两轮访谈中进行相应调整。

接下来，对资料进行编码（也称为登录）工作。笔者采用了开放式编码的过程，采用一种相对开放的心态，尽量"悬置"研究界的"定见"和研究者自身的"偏见"和"前见"，以资料本身呈现的状态对其进行编码，希望从中发现概念类属，对其进行命名并明确属性和维度。这是一个将资料打散、赋予概念、重新组合的过程，也是寻找意义的过程。[1]

---

[1] 陈向明：《质的研究方法与社会科学研究》，教育科学出版社，2013。

在编码的过程中，有一项重要的工作就是寻找受访者的"本土概念"。本土概念，是指被研究者用来表达自己看世界方式的一些常用概念。寻找"本土概念"有利于悬置研究者的"前见"，更加靠近被研究者的视角，最大程度还原被研究者的观点。比如在对高校博士生进行访谈的过程中，很多受访者使用了"组"这个概念来指高校科研和博士生培养的基本单位——课题组，与之相关的词还有"进组""组会"（也称研讨会或 Seminar）等，此外他们十分强调"二导师"或"小导师"在课题组内的作用。这些概念在对导师的访谈中比较少见，也与通常研究者在对博士生培养模式进行研究时使用的概念有所不同，可以作为考察工科博士生培养导师团队制度的本土概念。

在进行开放式编码的过程中，使用 Excel 软件汇总码号、进行分类并建立编码系统，便于查找和汇总。每天详细记录笔记和分析备忘录，以便不断理清研究思路，反省研究中的问题。

接下来进行的是主轴编码（即关联式登录），这个过程的主要任务是对码号进行归类，找到并建立起不同类属间的联系，可以是类型关系、结构关系、因果关系、情境关系、过程关系和时间先后关系等。[①]

在这一轮编码过程中，笔者发现虽然每位受访者在谈论工科博士生培养模式时的顺序和侧重点有所不同，但都能找到读博动机（或参与联合培养的期待）、课程体系、科研训练、导师指导、博士论文选题、发表文章、毕业和就业等博士生培养模式的基本环节和要素，将培养模式的环节和要素作为主轴编码中的各种概念类属。

之后进行的是选择式编码（即核心式登录），在对主轴编码进行归纳后，找到"核心类属"，把分析集中到与其相关的编码上。"核心类属"应该具有统领性，能够把大多数研究结果概括进一个比较宽泛的理论范围中[②]，是对研究的凝练和升华。笔者在这个过程中发现高校和工程院所培养模式环节和要素的差异，以及联合培养试点的效果与问

---

① 陈向明：《质的研究方法与社会科学研究》，教育科学出版社，2013。
② 陈向明：《质的研究方法与社会科学研究》，教育科学出版社，2013。

题，均与高校和工程院所占有的科研和人才培养资源相关，分析了二者资源的互补性与合作动力之间的关系，并在此基础上考虑了高校和工程院所跨界联合培养的协同基础、协同框架和协同机制的层次和要素等关键问题。

四　效度、推论和反思

通常在质的研究设计阶段就要开始考虑如何检测研究的质量，包括研究的效度、推论和伦理道德问题。信度通常指研究结果的可重复性，虽然在质的研究者内部存在着对信度的讨论，但是大部分研究者认为"信度"这个概念并不适用于质的研究，因此，本研究将不对研究信度做专门讨论。

1. 研究效度

研究效度指的是研究结果的有效性，即是否真实地反映了所研究对象的基本情况。质的研究中效度一词含义与量的研究有所不同，不仅针对的是研究的方法是否有效，还指研究结果与研究的其他部分（研究者、研究问题和对象、方法等）的"一致性"。[①]

本书采取了多种方法保证研究有较高的效度。在研究方法上，前期进行了问卷调查，其结果可以为访谈打下基础，也可以为质的研究结果提供验证。此外，尽可能多地收集原始资料，例如各类文献、联合培养的规章制度、受访博士生的研究报告和论文初稿等文本材料，也尽可能多地丰富访谈对象的类型和数量，尽量保证样本的丰富性。

通过在不同的受访对象之间进行对照，也可以保证研究有较高的效度。在研究对象中，既有来自高校的导师和博士生，也有来自工程院所的导师和博士生，包括了我国工科博士生培养的两类基本单位，以联合培养为切入点，可以使受访者对双方都有较为全面客观的了解，也使访谈具备了一个比较容易把握的比较框架；很多受访的导师和博士生之间是师生关系，师生之间可以形成对照并相互验证；研究对象除了参与联

合培养的导师和博士生，还有非联合培养的高校导师和博士生，既保证了研究的聚焦，又拓展了研究的视野；前期对管理人员的访谈材料也可以作为对研究结果的验证和补充。

在每一轮访谈结束后笔者都会进行整理和分析，归纳研究心得，并在下一轮的访谈中将其与受访者进行交流和讨论，通过受访对象的反馈，不断反省自身的观点和思路。在研究过程中始终坚持进行记录，通过翻阅记录，也可以帮助研究者不断反思研究的过程，以及其中可能出现的本人"倾见"和存在的问题，尽可能地保持清醒和保证研究结果的可靠性。

2. 研究推论

有的研究者认为，在质的研究中，推论分为"内部推论"和"外部推论"，前者指的是研究结果代表样本的情况，后者指的是研究结果应用于样本之外同类事物的情形[1]，此处主要讨论的是外部推论。由于不具备大量样本也不遵循随机抽样原则，质的研究中并不存在量的研究中那种严格意义上的"推论"，研究结论是针对样本群体本身的，质的研究者并不企图将结论从样本推论到总体之中，但也希望自己的研究能够对别人、对其他的问题产生借鉴意义。

外部推论主要通过认同性推论和理论性推论两种方式。前者指的是在面对相似的问题时，可以通过阅读本研究的结论和过程，获得一种思想上的共鸣，有一定的启发借鉴意义，于是就产生了认同性推论。[2] 本书探讨的是我国工科博士生培养模式上的一些共性问题，对研究中未涉及的其他高校、工程院所和培养单位也有一定借鉴意义；从联合培养入手考察不同类型单位之间的科研和博士生培养的跨界联合行为，对于目前普遍存在的跨学科、跨机构科研合作和协同创新以及工程硕士、工程博士等基于校企合作方式的专业学位研究生培养模式改革也有一定的借鉴意义。

---

① 陈向明：《质的研究方法与社会科学研究》，教育科学出版社，2013。
② 陈向明：《质的研究方法与社会科学研究》，教育科学出版社，2013。

质的研究构建的理论通常属于广义的、实质理论的范畴，是具有区域性的"小理论"，并不是对社会现实的概念化和形式化，而是具有一定的实践性和地域性特点，是研究者用特定手段对特定研究对象做出的解释。① 因此在质的研究中，理论性推论中的理论也并不是指研究构建起来的宏大理论体系，而是针对特定研究现象和群体的解释。通过对访谈文本进行分析，本书以高校和工程院所联合培养博士生为案例，构建跨界联合培养博士生的合作动力机制，该机制具有一定的概括性，对相似或相关的现象具有一定的诠释力，可在一定程度上起到理论性推论的作用。

3. 伦理道德问题

在质的研究中，研究者本人就是研究的工具，想要完全排除研究者的影响是不现实的，因此应对个人可能产生的影响保持清醒，需要经常进行反省，排除不利因素，利用有利因素。特别是质的研究常直面研究对象并对其产生直接影响，因此对伦理道德问题进行反思十分必要。

首先，研究严格遵循了自愿原则和保密原则，保证受访者自愿接受访谈，访谈开始前会声明严格遵守保密原则，并且访谈材料仅用于研究目的，征求对方意见是否同意录音，并告知对方可以在访谈中任何时候要求停止录音或可以提出不能对某一部分谈话进行录音；在研究和写作的过程中对受访者个人信息严格保密，模糊处理受访者的姓名、年龄、所在单位等敏感信息。

对受访者顾虑的尊重和体谅是研究者必须遵守的基本研究道德。对参与联合培养的博士生进行访谈时，能够明显感觉到在谈论本单位博士生培养的不足和联合培养过程中存在的问题时，博士生比导师的顾虑要大得多。笔者十分理解他们的处境和心情，除了声明保密原则之外，也会采取更加柔和的提问方式，避免直接让受访者产生畏惧和抵触心理。

博士生在联合培养过程中大多会遇到各种困难，有些受访者能比较冷静地进行讨论和分析，但对于正在经历着困难阶段且尚未找到解决办

---

① 陈向明：《质的研究方法与社会科学研究》，教育科学出版社，2013。

法的部分博士生来说，很可能会在访谈中真切地展示出自己的压力、困扰和焦虑情绪。在这种情况下，笔者不想也不可能做一个只从对方身上攫取有价值信息的冷酷研究者，而是会在遵守保密原则的前提下，介绍一些其他类似的案例或提出自己的观点，对受访者表达鼓励和支持，有些受访者会在之后的邮件交流中对此表示感谢。这种互动也给研究者带来了信心，并深深地意识到研究的意义并不只是构建了新理论，发现了新现象，还在于对被研究者群体产生的积极、正面的影响作用。想要产生这种作用，除了在研究过程中和研究对象进行积极互动之外，还要通过细致扎实的研究工作，形成有说服力的研究成果，增进对这一研究领域和对象群体的认识，进而对政策实施和社会认知产生影响力，为改进研究对象的境遇做出有益贡献，这是研究者对研究对象及其所在群体所能做的一种重要回馈。希望通过本研究，可以增进对我国工科博士生的培养模式以及跨界联合培养博士生的认识，从而对相关研究领域和我国工科博士生培养模式的改革产生一定的影响，这也是本书重要的研究目标。

五 内容框架

本书共分为 6 章。

第一章引言部分主要分析本书的研究背景与意义，阐述研究视角和基本概念，并对相关研究成果进行综述，对研究方法、研究内容和研究框架进行简要说明。

第二章到第五章是本书的核心。

第二章通过分析知识生产"模式 2"对我国工科博士生培养模式带来的新挑战和新要求，分别以高校和工程院所为研究对象，从培养目标、课程体系、科研训练、导师指导和评价标准等培养环节和要素入手，分析当前我国工科博士生培养模式的现状及问题，由此探讨通过跨界联合开展工科博士生培养模式新探索的紧迫性和必要性。第三章从对调研和访谈材料的分析出发，考察高校和工程院所联合培养博士生的改革效果与存在的问题，为探讨跨界联合的合作动力和协同机制打下基础。第四章从资源依赖理论视角出发，探究高校和工程院所在工科博士生培养资源上的差异以及参与联合培养的合作动力。第五章通过将联合培养与"私下合作"案例进行比较，构建跨界联合培养的协同基础；通过考察导师和博士生参与联合培养的期待和对联合培养效果的评价，分析联合培养协同框架的构成和层次结构。接下来通过分析导师和博士生对联合培养存在问题的认识和对未来发展的建议，借鉴协同理论，思考如何建立联合培养的协同机制。

最后，第六章是全书的总结，归纳了主要观点，得出研究结论和建议，并提出对未来研究的启示。

全书的研究框架如图 1-1 所示。

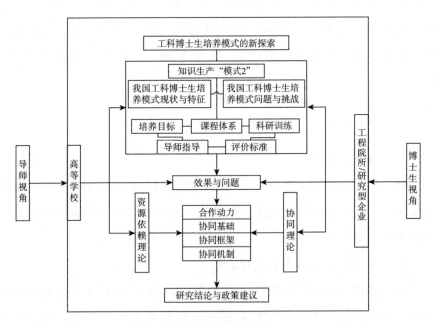

图 1-1　研究框架

第二章
中国工科博士生培养模式的现状与问题

高校和工程院所是我国工科博士生培养中最主要的两类培养单位。本章将从培养目标、课程体系、科研训练、导师指导和评价标准等培养模式的要素和环节入手，对我国高校和工程院所工科博士生培养模式的现状进行分析，并探讨在知识生产"模式2"的背景下，我国工科博士生培养模式存在的问题。

第一节　中国工科博士生培养模式概况

从培养规模来看，高校在我国的研究生教育中占据了主体地位，承担了绝大部分工科博士生的培养任务，而人才培养并非工程院所的主要使命。

我国科研机构具有培养博士生和授予博士学位的资格是有其历史原因和现实条件的。新中国成立后由于急需高水平科研人员和高校师资，我国自1951年起就借鉴苏联的模式和制度，开始尝试在高校和科研机构培养研究生。科研机构研究生的培养目标主要是储备自身体系内部所需的后备人才。1981年学位制度正式确立，经过"文革"后的百废待兴，我国的学位与研究生教育亟须利用一切有效的教育和科技资源发展壮大，具备研究生培养经验和条件的科研机构也进入了研究生招生的范围，因此，部分科研机构独立培养研究生并授予学位的职能得以保留至今。

20 世纪 80 年代我国实行科技管理体制改革后，原属各产业部门和国防科技系统的应用型、以生产经营活动为主的工程研究院所目前已大部分转制为研究型的企业，改制后的工程院所仍保留了研究生招生、培养和授予学位的资格。截至 2007 年，我国共有 123 个工程院所具有硕士学位授予权，占科研机构硕士生培养单位（284 所）的 43.31%，46 个工程院所具有博士学位授予权，占科研机构博士生培养单位（122 所）的 37.7%。2007 年，工程院所共计划招收工学硕士研究生 2405 人、工学博士研究生 439 人。[①] 2007 年全国共招收工学硕士研究生 124671 人，工学博士研究生 21647 人[②]，工程院所博士研究生的招生规模在全国所占比例仅约 2%。这种情形的产生一方面是由于自 20 世纪末以来高校的研究生规模实现了大幅度增长，并通过"211 工程"等项目获得了国家政策和经费上的支持，工程院所虽一直保有博士生招生资格，但规模并未实现显著增长；另一方面是由于国家教育行政主管部门的政策导向发生了变化，考察历次对博士学位授予单位、学科和专业的授权审核就可以发现，从第五批审批开始，一般已不再把科研机构作为新增学位的授予单位。[③]

从科研分工来看，高校以基础研究为主，工程院所以应用研究为主，经过 20 世纪 80 年代的科技体制改革，大部分工程院所已转制为研究型企业，高校、工程院所和生产型企业之间形成了衔接有序的科研分工（见图 2-1）。由于工科博士生培养与科研之间存在着紧密结合的关系，因此不同类型培养单位/科研组织的博士生培养模式也呈现出不同的特色。

---

① 国务院学位委员会办公室：《中国学位授予单位名册》，高等教育出版社，2007，转引自郑义《工程科研院所研究生教育发展对策探析》，《学位与研究生教育》2010 年第 10 期。

② 教育部：《2007 年教育统计数据·高等教育·分学科研究生数（总计）》，http://www.moe.gov.cn/s78/A03/moe_560/moe_2896/moe_2904/201001/t20100129_50556.html。

③ 陈洪捷等：《博士质量概念、评价与趋势》，北京大学出版社，2010。

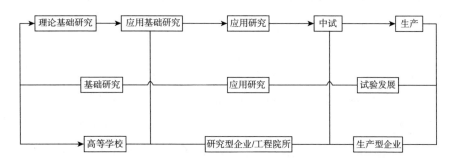

图 2-1　高校、研究型企业/工程院所和生产型企业的科研分工

第二节　高校工科博士生培养模式特色

一　面向学术研究型人才的培养目标与评价标准

《中华人民共和国学位条例》规定了授予博士学位的要求，博士毕业生应掌握本科学坚实宽广的基础理论和系统深入的专门知识，具有独立从事科学研究工作的能力，并且在科学或专门技术上做出创造性成果。

人才培养是高校最为重要的职能之一。我国高校的工科博士生教育长期以来致力于培养以基础研究为主的高层次学术研究型人才，为大学储备师资力量并为科研机构培养研究人才。根据历年教育事业发展统计公报及教育统计年鉴计算，学位制度建立以来的 30 余年间，高校总计为我国经济发展和社会建设培养了 30 多万名博士毕业生，绝大部分成为高校和科研机构的科研人才，提高并改进了我国大学教师和科技人才队伍的层次和结构。1987 年，在我国普通高校的专任教师中，拥有博士学位的比例仅有 0.5%，到了 2013 年，这一比例已达到了 19.1%。

培养目标决定了高校工科博士生的培养过程、评价标准和就业去向。高校在基础研究和前沿研究上占据优势，依托基础研究对博士生进行科研训练，导师理论水平较高，在评价标准上主要关注博士学位论文的理论创新和博士生发表高水平论文的情况，博士生的就业去向以高校教师和科研机构的研究人员为主。

从发表高水平论文这一评价标准来看，绝大部分高校对工科博士生都有着明确的要求。例如，清华大学材料科学与工程专业要求博士生在读期间至少发表 4 篇核心期刊级别以上的论文，并且这 4 篇论文应或者全部发表在 SCI（Science Citation Index，科学引文检索）收录的期刊上，或 3 篇发表在 SCI 收录的期刊上，另有 1 篇发表在 EI（Engineering Index，工程检索）收录的期刊上。北京科技大学则要求博士生在读期间至少要发表 3 篇论文（包括国内核心期刊、国外公开发行学术刊物或国际会议论文集），其中至少有 1 篇在 SCI 和 EI 收录的刊物上发表。在本书对 10 位联合培养博士生的访谈中，有 7 位认为高校对发表文章的要求高于工程院所，其中有 3 位认为高校对发表文章的要求远远高于工程院所。

受访师生对博士生发表文章要求高低主要的判断标准，一是发表文章的数量，二是文献检索的类别。通常来说导师和博士生认为在 SCI 收录期刊上发表文章的要求高于中文核心期刊和 EI，SCI 与 EI 是工程科学与技术研究领域国际通行的两大文献检索系统，前者偏重基础性和科学性，后者偏重应用性和工程性。受访博士生普遍认为由于前者对理论深度的要求高，对从事应用研究的博士生来说，研究定位决定了发表 SCI 检索论文难度很大，并且 SCI 中文期刊数量少，向国外期刊投稿语言首先是一大难关，还不可避免地存在着不熟悉投稿规则等现实困难，而 EI 中文期刊的数量则相对较多，发表难度相应降低。三是期刊的影响因子。

受访的联合培养博士生认为高校对发表文章的要求比工程院所高，主要是因为在相同或相近的学科里，高校的博士生培养偏重基础研究和理论深度，更倾向于采用发表文章作为评价科研成果和博士生培养质量的标准，很多"985 高校"的工科专业要求博士生发表 SCI 期刊论文方可毕业；工程院所的博士生培养偏重应用研究和工程实践，从评价标准上来说并不特别看重发表文章，因此大多对博士生发表 SCI 论文没有硬性的要求，而是以 EI 或核心期刊为主。当然对博士生发表文章的要求也因学科而不同，即使在同一所高校，不同的院系之间差别也较大，偏基础、较新兴的工程学科对发表文章的要求明显高于水利、机械、冶金等偏应用、较传统的学科。

二　以理论知识为基础的课程体系

在博士生的培养过程中，课程学习对构建博士生的学科知识和理论基础以及开展后续的研究十分重要。但课程体系的建设不是一日之功，需要长期的积淀，还要有足够数量的能够承担教学任务的教师。与工程院所等科研机构相比，高校学科门类齐全、师资力量雄厚、导师具有较高的理论水平，因而构建起了以理论知识为基础的课程体系，并且内容相对丰富，可选择的范围广泛。高校学科较多，工科博士生具有便利的条件选修或旁听其他学科的课程，获得相关的理论知识，为开展跨学科研究打下基础。此外，高校学生规模较大，学习氛围浓厚，课程设置系统，学风严谨，在教学管理上也相对严格和规范。

三　依托基础研究的科研训练

工科博士生的培养与科研紧密结合、融为一体，博士生的科研创新依托于科研项目的平台，对博士生能力的培养也必须与科研训练相结合。从调研来看，在大多数工科博士生的培养过程中，除了课程学习之外，大部分时间都用于接受科研训练：实验设备操作、参与科研项目、参加学术活动、学术论文发表、社会实践、调研和学位论文撰写等。在访谈中，所有的受访师生都谈到，学生从入学起就进入实验室，参与到实验室的相关项目研究和学术活动中，甚至有学生毕业离校后还在继续未完成的实验室研究项目。在"中国博士质量分析课题组"对全国博士生培养单位进行的抽样问卷调查中，90.2% 的工学博士生在读期间至少参加 1 项课题的研究工作，其中参加 3 项以上的博士生占 39%，66%

的工学博士生认为其博士学位论文和科研项目有着较密切的关系。[①]

高校导师主要承担偏重基础研究的科研项目，因此高校工科博士生的科研训练也主要依托于基础研究项目开展，重点培养博士生的理论水平，对科研前沿的把握和探索能力，独立从事学术研究工作的能力以及发现科学问题并分析解决的能力。

四 导师负责制下的团队指导

从调研情况来看，"课题组/实验室"是高校科研和博士生培养的基层组织，在高校工科博士生的培养中发挥了巨大的作用，博士生除了上课之外，其余的培养过程基本是在课题组/实验室内完成的。对于博士生来说，即便是在同一个院系/所，甚至是同一个班级，很可能同学之间彼此都并不熟悉，真正熟悉并且能够在培养过程中对博士生产生影响的是课题组内的老师和同学。

受访博士生反映，高校课题组/实验室内往往有一位年龄较大，学术地位相对较高的教授作为整个课题组的核心和领导者，博士生们常称之为"大导师"。在"大导师"之下，通常还有 1~2 名甚至更多的青年教师，通常处于 30~40 岁之间，也有低于 30 岁的副教授、讲师和博士后，博士生们称之为"小导师"或"二导师"。除了老师们之外，就是众多的博士生和硕士生。他们构成了一个课题组/实验室的有序整体，共同合作完成众多的科研项目，形成了支撑博士生培养的共同体。

在高校课题组的日常运行中，"大导师"一般对课题组的科研工作和学生培养起统筹领导作用，很多"大导师"由于学术声望较高，也担任了一定的行政职务或社会工作，众多职责在身，精力相对有限，因而实际上对博士生进行详细科研指导的主要是年轻的"小导师"。"小导师"们通常处于学术的成长期，是学术生命最旺盛、科研探索的兴趣和进取心最强的时期，从青年教师职业发展的现实出发，"小导师"们也正处在职业生涯的上升期，需要创造出一定数量和较高质量的科研

① 中国博士质量分析课题组：《中国博士质量报告》，北京大学出版社，2010。

成果才能在职称上继续晋升，不断扩大自身在学术共同体内的声望，因此，他们指导博士生科研训练的现实动力很强，是维持课题组日常运转的中坚力量。由此形成了高校课题组内部"大导师—小导师—研究生"的组织结构。

"组会"是高校课题组内部最为重要的学术交流制度，受访高校博士生反映，通常每周进行一次组会讨论，即使导师出差，组会仍照常进行。除了汇报科研和学习进展之外，组会更加重要的作用体现在加强团队内部的学术交流，激发创新灵感；帮助导师掌握博士生的研究进展，从而进行因材施教；实现团队之间的取长补短，互相支撑。

第三节　工程院所工科博士生培养模式特色

一　面向行业的工程科技人才培养目标与评价标准

在我国工科博士生的培养体系中，工程院所一直发挥着重要作用，为各行业领域培养了一大批高层次工程技术人才和管理人才。

从培养目标来看，工程院所开展博士生培养工作，更主要是为了满足行业领域和所在单位对高层次工程技术人才的需求，大多数工程院所的研究生毕业后会留在院所内或者进入行业内的相关企业工作，因此培养目标具有很强的针对性，并且能够将人才培养与行业需求紧密结合起来。

完成国家的科研任务和解决行业企业的技术难题是工程院所的首要目标，其科研评价标准呈现出鲜明的任务导向和产出导向，反映到博士生的培养上，工程院所更注重博士生科研成果的市场价值和应用前景，虽然也对博士生发表论文的数量和层次有一定的要求，但并不看重发表文章这一评价指标。工程院所注重培养博士生的工程实践和动手能力，问题意识和市场价值导向，因此，博士生在行业领域内就业时呈现出上手快、适应力强、受欢迎等优势。

二 依托高校开展课程教学

与高校相对完备的学科体系相比，工程院所的学科建设较为薄弱，学科领域基本集中在工学大类的一个或数个一级学科之内，如 H 研究总院有材料科学与工程、冶金工程两个国家一级学科博士点，K 研究院只有土木工程一个国家一级学科博士点。从第五批学位授权审核开始，国家没有再新增工程院所作为硕士、博士学位授予单位，工程院所的学科建设也受到了较大的影响。

工程院所的课程师资力量也比较薄弱，特别是在基础课程的教学上，大多数工程院所不具备胜任研究生基础课程教学的专职教师，而是通过与邻近大学签订课程合作协议，允许工程院所博士生在大学选课或聘请大学教师到本单位进行集中授课等方式，借助大学的师资力量来完成基础课程的教学任务，但借用大学的课程资源很可能会存在课程针对性不强等问题。

三 依托应用研究的科研训练

工程院所承担了大量在国家和行业发展、经济和国防建设中具有重要意义的纵向应用研究项目以及企业横向项目的研究任务，致力于解决行业领域内企业研发、设计和生产过程中遇到的关键性、共性技术问题。这些项目具有较强的应用性和实践性特征，既与国家重大实际需求紧密联系，又往往涉及企业生产设计、流程优化改造、产品性能提升等诸多领域，前沿性和创新性较强，具有很强的市场竞争优势，成果转化效率高。

受访导师和博士生多次谈到，工程院所博士生的科研训练依托于应用研究开展，由于科研工作更贴近生产实际和工程应用，博士生有更多接触工程实践和行业企业的机会，眼界更加开阔。工程院所更注重锻炼博士生解决实际问题的能力，因此博士生的实践能力和动手能力都很强。在科研训练过程中，博士生也可以较为方便地使用生产数据和大型设备等研究资源。

四　相对松散的导师指导

课题组并非高校独有，也是很多工程院所的基层科研组织，但是工程院所的课题组在博士生培养上发挥的作用没有高校突出。原因正如一些受访的工程院所导师所说，工程院所的博士生数量很少，无法形成具有一定规模的团队；人手少、项目多，因而往往每个博士生从事的科研项目都是独立的，甚至年轻导师的科研工作也与博士生不同，相互之间交流难度大；工程院所具有注重产出结果和经济效益的科研氛围和工作环境，这也使得工程院所的"组会"看起来更像是企业每周的"工作汇报"，削弱了学术交流的色彩和人才培养的意识。

导师忙于科研任务，团队培养的基层组织又不够完善，工程院所的博士生独立自学和科研钻研的难度比高校更大。工程院所重视任务导向，强调科研工作的时间节点以及如同上班一样的氛围，使工程院所的博士生更加独立，也感觉更加孤独。这种"孤独"的氛围是一把双刃剑，既可能将学生锻炼得更加独立自主，也可能使学生因疏于指导而无法达到培养目标。

第四节　企业通过设立项目参与
工科博士生培养的模式

随着我国经济发展水平的不断提高，以及全球化背景下国际竞争的日益加剧，我国企业对技术创新的需求持续增加，企业盈利水平的提高和发展规模的壮大也使得企业有资金投入到研发活动中，因此，近年来由企业出资设立的横向课题经费数量持续增长，高校、科研机构和企业共同参与企业创新的科研活动日益活跃。在这种企业通过设立项目参与工科博士生培养的模式中，企业为工科博士生的培养提供了经费、项目和生产实践资源。

参与企业横向项目对于培养博士生的工程实践能力和解决实际问题的能力有所帮助。特别是在博士生读博动机和就业去向日益多元化的当下，导师应更加注重在科研训练中进行因材施教。例如，很多受访导师表示，对于打算去企业就业的学生来说，会适当考虑让其多参与企业项目，在就业时学生的企业项目研究经历对用人单位更有吸引力。通过横向项目还可以给博士生的可迁移技能培养增添新的渠道，例如，通过与企业的接触和团队项目工作锻炼博士生沟通协调和团队合作能力，通过从事项目中的事务性工作锻炼博士生的财务管理和工程进度管理能力，通过汇报项目进展锻炼博士生的表达能力等。此外，对于低年级博士生来说，从企业项目入手进行科研训练，既相对容易介入，同时也能够训练博士生扎实的工程实践能力，对博士生未来科研工作的开展和学术职业生涯发展有益。

但是在对高校和工程院所导师的访谈过程中，导师对依托企业项目培养博士生保持了较为谨慎的态度。由于横向项目通常基础性、前沿性和科学性都比较弱，很多横向项目并不适合作为博士学位论文选题的依托，对博士生发表 SCI 检索论文的帮助也较小，将主要精力投入企业项目中很可能导致博士生难以达到毕业要求。因此，导师们认为不适合让博士生一味投入到横向项目中。即使是让博士生从事横向项目的研究，在这个过程中导师也要善于运用自己的知识和经验，帮助引导学生从项目中提炼科学问题，学生自身也要主动进行思考、总结和提炼，通过师生双方共同的努力，结合项目自身特性，也可以从中形成一篇既有科学价值又有实践意义的博士学位论文。对工程院所的导师来说，在应用研究项目和横向项目比例更高的情况下，如何处理博士生培养和项目研究的关系，对工程院所的导师提出了更高的要求。

这与目前我国企业的研发能力普遍偏弱的特点有关。在调研中，大多数高校导师表示，以西方发达国家作为参照系来看，我国企业盈利水平仍较低，因此科技投入较少，深度参与技术创新的动力不足，研发人员数量不足且研发能力较弱，企业缺乏科研文化，对高校的依赖性也很强，传统行业的企业对博士层次的高水平科技人才需求动力不足，因而我国高校在科研分工中承担了比国外高校范围更广的工作。企业的参与存在短板和不足，相比之下可以发现，国外企业在应用研究中的深度参与可以使得试验样机更加成熟，产业转化效率更高。在访谈中，很多导师也看到了目前在我国民营企业和新兴行业中出现了科研经费投入加大、研发能力提升、科技人才受到重视的现象，相比过去已有了很大进步，但我国企业的盈利水平和研发投入仍有待提高，产品科技内涵仍有待进一步丰富和加强。

在这种大背景下，企业的科研需求层次较低，横向项目集中于解决企业生产实践中存在的具体技术问题，科技含量较低，博士生在从事横向项目研究的过程中能够突破的创新点有限，难以达到博士层次所需的理论深度和创新要求。因此，企业通过设立项目参与工科博士生培养的模式有一定的价值但存在较为明显的局限性，并且在这种模式中，企业也并非参与博士生培养的正式主体，发挥的作用受到限制。

因此，大部分受访工科博士生导师认为，在工科博士生的培养过程中，仍应以纵向项目作为博士学位论文主要的依托平台，但针对博士生的个人需求、性格特点、培养阶段，可将纵向项目和横向项目进行有机结合以便更好地培养博士生的全面能力。对于少量依托横向项目写作博士学位论文的博士生，导师应更注重发挥在提炼科学问题和研究方向上的引领作用。

第五节　中国工科博士生培养模式的问题与挑战

如前所述，当今全球的知识生产模式正在发生着转变，知识生产"模式2"的到来对工科的科研和博士生培养都产生了重要的影响。与传统基于学科的知识生产"模式1"相比，"模式2"基于应用的情境，研究围绕特定的现实问题展开，因而常常具有跨学科的特点，研究团队也是临时组织起来的跨学科团队，知识生产从大学扩大到了以政府、企业、研究机构、咨询机构、社会团体为代表的众多社会机构中，从而呈现出"社会弥散"的特点。对知识生产的评价，也从同行评议的方式和注重对学科的价值，转向更加广泛的社会参与评价方式和更加注重社会效益的价值导向。

博士生的培养与知识生产紧密结合、融为一体，知识生产模式的变化对工科博士生培养模式带来了新挑战和新要求。通过对我国工科博士生培养模式现状的梳理可以发现，无论是高校还是工程院所的培养模式都无法完全适应知识生产"模式2"的挑战，亟须对其进行改革的探索和尝试。

一 培养目标和评价标准相对单一

在"模式2"的情境下，工科博士生的培养目标发生了变化，将不仅是培养从事科学研究的高层次人才，培养各行各业的高水平专业型人才同样重要；对博士生的成果也将不再仅仅重视科学的原始创新，技术创新和知识的应用转化同样会得到高度重视。

对博士生培养质量的评价也不再局限在"象牙塔"范围内，而要更加注重社会对高层次科技人才的需求。科研机构、企业、政府和社会团体等组织对高层次科技人才的需求日益增加，也对博士生培养提出了相应的要求，并且都深度参与到了工科博士生的培养之中，博士生的培养和就业都呈现出"社会弥散"特征。

有研究表明，近年来博士毕业生的就业呈现出多元化趋势，到高校和科研机构就业的比例下降，到企业等非学术机构就业的比例逐步上升（见图2-2）。[1] 由于工科博士生的规模在我国各学科门类中所占的比例最高，因此上述研究大略可以反映包括工科博士生在内的我国博士生就业的多元化趋势。

---

[1] 蔡学军、范巍：《中国博士发展状况》，北京大学出版社，2011。

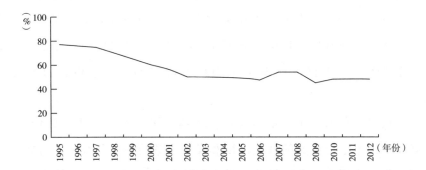

图 2-2 1995~2012 年博士学位获得者到高校和科研机构就业的比例
数据来源：1995~2008 年的数据根据《中国博士发展状况》一书整理；2009~2012 年的数据由教育部学位与研究生教育发展中心提供。(不含专业学位、同等学力博士学位获得者)

具体从 B 大学 1995~2014 年工科博士生毕业后初次就业的去向来看，继续在高校、科研机构开展科学研究工作的博士毕业生比例总体上逐渐下降，从 1997 年的近 82% 下降到 2014 年的 51%（见图 2-3）。

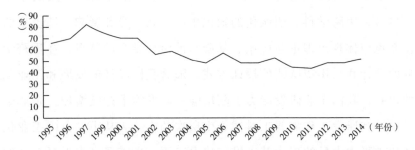

图 2-3 B 大学 1995~2014 年工科博士毕业生初次就业从事科研工作的比例
数据来源：B 大学学生就业指导中心提供的内部资料。

目前工科博士生的培养目标和评价标准仍相对单一。高校定位于培养高层次学术研究型人才，承担着为大学培养教师队伍和为科研机构培养研究人才的职能；工程院所开展博士生培养主要是为了满足行业领域和自身单位的高层次工程技术人才需求。这两种当前工科博士生培养的主要模式从培养目标上都无法充分满足社会对各类高层次工程科技专业人才更广泛的需求，工科博士生的供给与需求失衡的问题将会越来越突出。对博士生的理论水平与实践能力的培养也不能有效结合和衔接，高校工科博士生欠缺应用情境下的可迁移能力，培养目标与就业去向的差异越来越突出；工程院所博士生理论基础薄弱，人才培养目标定位狭窄。

高校对工科博士生的培养质量仍延续传统学术型人才的评价标准，尤其注重博士学位论文的理论深度和发表文章的层次和数量，对博士生科研工作的应用前景和可转化性没有明确要求。而工程院所博士生的培养在一定程度上存在"跟着项目走"的特点，不重视对博士生理论基础和科研思维的训练，按照项目的标准来评价博士生的培养质量，博士生将科研项目的内容进行汇总提炼后就能成为一篇学位论文，理论层次和创新水平存在欠缺。

二　课程的系统性不足

"模式2"背景下，知识生产更强调基础研究与生产应用的紧密合作，更多采用跨学科、团队化的知识生产方式，受此影响，博士生的课程体系也应体现出理论与应用、基础与前沿相结合的特点，注重跨学科课程的设计和采用团队式的授课方式。随着我国经济的发展和工业化程度的提高，我国企业研发能力不断增强，研发需求持续增加，企业中有大量设计和研发工作需要工科博士生层次的人才去从事，我国工业化和城镇化进程中大量的现代基础设施建设工程，也需要高水平复合型的工程实践和管理人才去建设和管理。这些工作的类型十分丰富，远远超出传统的学术研究型工作的范围，所需的知识和能力也更加综合全面，对工程实践能力和创新能力的要求更高，因而需要进一步加强工科博士生的课程体系建设，拓展课程范围，加强对跨学科知识的学习和对可迁移技能的培养。

目前高校与工程院所工科博士生课程学习的系统性和整体性都存在欠缺，方法论课程、前沿性课程和跨学科课程较少。高校的课程教学集中于理论探讨，与真实的产业问题和需求距离较远，工程院所缺乏完整的课程体系，借用高校课程资源无法完全解决自身的课程需要。我国工科博士生的课程体系中也缺少针对可迁移技能进行培养的环节，包括对博士生领导力、沟通能力、项目管理能力和问题解决能力的培养等。

三 科研训练中理论与实践脱节

知识生产的应用性情境意味着对研究问题的选择、研究的宗旨、研究成果的传播等都受到应用情境的制约，基础和应用、理论和实践之间不断交互、互相激发，基础研究和应用研究之间的界限变得日益模糊和具有可渗透性。这也要求在博士生的科研训练中，必须将基础研究与应用研究、理论与实践紧密结合起来。

高校偏重于基础研究并通过基础研究带动理论研究型工科博士生的培养，高校的博士生理论基础和研究方法较为扎实，知识较为全面，发表论文的能力和水平较高，但工程实践和应用能力明显不足；工程院所偏重于应用研究和生产开发，并通过实际工程项目和应用研究培养更富于工程实践能力的博士生，但博士生的理论基础和研究方法较为薄弱，研究深度和创新性不足，科学研究缺乏发展后劲，这就造成了我国工科博士生科研训练中理论与实践的脱节。在知识分工愈加细化，博士生培养愈加专深的背景下，单一机构内部很难兼备基础研究和应用研究的科研训练优势，从而培养出复合型的工科博士生。

四 培养主体的多元性不足

知识生产和博士生培养的主体在知识生产"模式2"的背景下，已经由高校和工程院所扩展到了企业、政府和社会团体等更加广泛的社会组织之中，博士生培养处在一个边界更加模糊、更具有多元化特征的开放系统中。

由于高校和工程院所两大系统之间的体制分割，工科博士生培养资源很难实现共享，无法形成人才培养的合力，博士生培养呈现出一定的封闭性特征。无论是高校还是工程院所，博士生导师的知识结构都相对单一，高校导师理论基础深厚但缺乏实践经验，工程院所导师具有丰富的实践经验但在理论水平以及对科学前沿的探索上存在不足。导师是影响博士生培养的重要因素之一，导师对博士生的知识、视野和思维方式都会产生较大的影响，导师个人无法在理论与实践之间进行有效衔接，博士生又很难获得其他单位老师的指导，不利于博士生全面知识和能力的培养，也会影响其个人的成长和特长的发挥。

第六节　小结

高校和工程院所是我国工科博士生培养的两大系统。从培养目标、课程体系、科研训练、导师指导和评价标准等培养模式的要素和环节来看，高校凭借规范的课程体系，依托基础研究的科研训练和导师负责制下的团队指导，培养具有较高理论水平、未来以从事学术研究为主的工科博士生；工程院所则借助高校资源开展课程教学，依托应用研究进行博士生的科研训练，具有相对松散的导师指导方式，面向行业培养具有较强应用研究和实践能力的工程科技人才。

但随着知识生产"模式2"的到来，我国工科博士生培养模式的现状不能完全满足社会对高层次工程科技人才的需求，表现为培养目标相对单一，课程的系统性不足，科研训练中理论与实践脱节，培养主体的多元性不足等。因此，为了更加适应知识生产"模式2"的新挑战和新要求，亟须改进我国工科博士生培养模式的现状，教育部和中国工程院共同推动的高校和工程院所联合培养博士生项目就是基于这一目的进行的一项改革探索。

第三章
高校和工程院所联合培养博士生的
试点效果与问题

高校和工程院所联合培养博士生作为一项由国家层面推动的改革项目，是在制造业强国建设和创新型国家建设以及知识生产模式转型的背景下，为改变我国工科博士生培养模式现存的问题，适应新形势、新挑战而做出的新探索。本章将通过分析参与联合培养的 13 位工科博士生导师和 10 位博士生的访谈材料，考察联合培养模式的试点效果与存在的问题。

第一节 总体效果评价

高校与工程院所联合培养博士生自 2010 年实施以来，招生规模逐年增长，招生数量已经由 2010 年的 88 人增加到 2014 年的 674 人，增长达 7 倍多（见表 3-1）。

表 3-1 2010~2014 年联合培养博士生招生规模汇总

单位：所，人

	参与高校数量	工程院所数量	博士生招生数量
2010	8	8	88
2011	18	18	210
2012	29	34	412

	参与高校数量	工程院所数量	博士生招生数量
2013	39	41	603
2014	40	45	674

数据来源：教育部发布的 2010～2014 年高等学校与科研机构联合培养研究生试点工作专项招生计划，中国工程院网站 http://www.cae.cn/cae/html/main/col48/column_ 48_ 1.html。

由"高等学校与工程院所联合培养博士生的模式与机制研究"课题组在 2013～2014 年进行的问卷调查显示（见表 3-2），尽管联合培养项目当时仅试点实施了 3～4 年，但接受问卷调查的导师、博士生和管理人员对于联合培养的满意度均较高，选择"非常满意"和"基本满意"两项的导师超过 89%，博士生超过 74%，管理人员则超过 60%，导师和博士生的满意度略高于管理人员。在本研究的访谈过程中，管理人员对联合培养满意度较低主要是由于联合培养项目是新兴事物，许多管理制度和协调机制仍处于摸索过程中，管理人员在日常工作中遇到许多关于联合培养的具体操作问题，沟通协调工作量较大因此对联合培养过程中存在困难的感受比导师和博士生更为突出。

表 3-2　对联合培养的现状是否满意

人员	非常满意	基本满意	一般	不太满意
导师	20%	69%	8%	3%
博士生	22%	52%	21%	4%
管理人员	9%	51%	28%	12%

数据来源："高等学校与工程院所联合培养博士生的模式与机制研究"课题报告（内部资料）。

在上述问卷调查中，导师、博士生和管理人员对于本单位参与的联合培养项目的效果评价均在 80 分左右（满分为 100 分），对联合培养的效果大体呈现出基本满意，但仍有待提高的态度。在三类人群中，导师的评分为 82.8 分，略高于博士生的 78.8 分和管理人员的 78.7 分（见表 3-3）。

表 3-3　对单位参与的联合培养项目效果的评价

题目	导师	博士生	管理人员
如何评价目前单位参与的联合培养项目的效果？如果满分是 100 分，您打多少分？	82.8	78.8	78.7

数据来源："高等学校与工程院所联合培养博士生的模式与机制研究"课题报告（内部资料）。

与问卷调查的结果相一致，在本研究的深度访谈中，受访导师大多充分肯定了联合培养这项改革探索工作的意义，认为联合培养是件"好事"，应该做并且值得做。并且认为目前联合培养取得了不错的效果，虽然作为新生事物难免存在诸多困难和不足，但总体上进行得比较顺利，对双方单位、导师和博士生来讲都体现出了初步的成效，对博士生培养、科研合作和人才输送都有促进作用，正面效应已逐渐显现。

正面的意义明显大于其他困难。当然困难也很多，毕竟作为一个新生事物，自然会遇到一些体制上的问题。但是从总体上来讲，大家都觉得联合培养是一件好事，不论对高校，还是对 J 研究院都是一个新鲜的气象（L-D-X01-131224）。

现在至少已经初战告捷，联合培养这项工作开展得挺好（L-D-S02-140108）。

编号为 L-D-S05-140109 的工程院所导师从以下几个层面比较全面地评价了联合培养的效果。他认为联合培养首先在形式上的作用是增加了招生名额；在深层次上，还实现了基础研究和应用研究、大型实验设备和小型实验设备在博士生培养上的优势互补；最后，还促进了导师之间深层次的科研交流。

也有少数导师认为目前联合培养并没有达到预期的效果。有两位工程院所的博士生导师虽然都认为合作是非常必要的，但直言"实际上现在双方结合得不太好""感觉比较模糊，（效果）不明显"，认为预期和现实之间存在较大差距。

受访的博士生也对联合培养这种培养模式总体上做出了积极评价，认为在接受联合培养的过程中收获很多，联合培养导师团队的合作指导可以让博士生充分吸收双方导师的优势，利用双方的资源，因而视野更加开阔，知识和能力更加全面。

通过调研可以发现，高校和工程院所的博士生培养模式各具特色，高校的培养模式注重博士生的基础研究能力，教育和学术资源丰富，导师具有较高的理论水平和基础研究实力，但是高校博士生在应用研究和工程实践上存在欠缺；工程院所的培养模式注重博士生的应用研究能力，重大科研项目资源和大型实验设备资源丰富，导师具有丰富的工程实践经验，但是工程院所的博士生在理论基础和前沿研究上存在明显不足。二者形成了优势互补的关系，如果能将高校的基础研究和前沿研究实力，教育资源优势和浓厚的学术氛围，与工程院所在应用研究和工程实践上的实力，大型项目和设备优势在联合培养博士生的过程中结合起来，那么就能为培养高水平、复合型的科技创新人才开辟一条新途径。下面将进一步分析导师和博士生对联合培养效果的具体评价。

第二节　培养目标的多元化

导师们认为，联合培养这种培养模式进一步促进了工科博士生培养目标的多元化，开辟了一条向国家重点行业、企业和单位输送高层次人才的新渠道，借助联合培养的机会增加了人才输送的规模和数量，博士生的知识和能力也更加全面。

一　优质人才输送

高校导师认为通过联合培养，高校有机会在培养传统的学术研究型人才之外，为国家重点行业、企业和单位输送更多优秀人才，联合培养也为博士生到行业企业就业增加了便捷的机会。这与高校导师对合作的工程院所在国家和行业发展中所具有的重要地位的认识是一致的，也反映出高校作为人才培养基地，高校导师具有的人才培养意识和促进培养目标多元化的愿望。工程院所导师认为通过联合培养可以吸引更多的优秀生源，从而促进工程院所科研工作的长期发展和相关行业的建设（见表3-4）。

表3-4　博士生导师对联合培养效果的评价

主题类别（出现的频率）		开放式代码（出现的频次）
主题类别1：高校导师对联合培养效果的评价	子类别1：实现了培养过程中的优势互补（28.6%）	基础研究与应用研究相结合的科研训练（6） 双方导师共同参与培养过程（6） 吸收双方导师的知识（3） 综合利用双方的经费设备等资源（2） 系统规范的课程学习（1）
	子类别2：促进了导师间的交流和项目合作（19.0%）	促进了双方导师的沟通和交流（8） 促进了双方导师的科研项目合作（4）
	子类别3：评价标准具有复合性特征（17.5%）	同时满足双方的毕业要求（4） 达到高校的毕业要求（4） 完成工程院所项目并达到高校的论文要求（3）
	子类别4：输送了优秀人才（15.9%）	向工程院所输送人才（10）
	子类别5：博士生的知识和能力更加全面（14.3%）	毕业生能力优秀很受欢迎（3） 理论水平与实践能力更加全面（6）
	子类别6：增加了招生名额（3.2%）	增加了招生名额（2）
	子类别7：品牌效应显现（1.6%）	生源更好，学生报考积极性高（1）

续表

主题类别（出现的频率）		开放式代码（出现的频次）
主题类别 2：工程院所导师对联合培养效果的评价	子类别 1：实现了培养过程中的优势互补（55.3%）	吸收双方导师的知识（13） 系统规范的课程学习（13） 基础研究与应用研究相结合的科研训练（9） 双方导师共同参与培养过程（9） 利用高校的学术资源（7） 通过科研团队之间的交流拓展研究视野（6） 综合利用双方的学术经费设备资源（6） 感受高校氛围的熏陶（5）
	子类别 2：博士生的知识和能力更加全面（20.3%）	理论水平与实践能力更加全面（7） 知识基础更扎实，眼界更宽广（6） 使用研究方法的能力得到加强（5） 对理论问题的思考和把握能力得到加强（5） 演讲能力得到加强（1） 学生有活力，表现好（1）
	子类别 3：增加了招生名额（7.3%）	增加了招生名额（9）
	子类别 4：促进了导师间的交流和项目合作（6.5%）	促进了双方导师的沟通和交流（6） 促进了双方导师的科研项目合作（2）
	子类别 5：品牌效应显现（6.5%）	生源更好，学生报考积极性高（8）
	子类别 6：评价标准具有复合性特征（4.1%）	完成工程院所项目并达到高校的论文要求（4） 同时满足双方的毕业要求（1）

数据来源：笔者根据参与联合培养的 3 位高校导师和 10 位工程院所导师访谈稿，利用 Excel 编码计算所得。

从毕业生的培养效果来看，多数高校导师认为，联合培养毕业生在工程院所留院就业的考察中显示出了较强的竞争力和较高的综合素质，工程院所导师对联合培养的生源质量和人才素质也比较认可。

和 J 研究院联合培养这一批学生，也是希望他们将来能在石油行业做一些基础研究工作，能够在前沿研究上发挥作用（L-D-

X01-131224）。

这些学生最终都要回到 G 研究院工作，所以我希望能够通过联合培养为 G 研究院培养更好的毕业生，联合培养具体落实到人才的输送上才是更加重要的（L-D-X02-131226）。

近几年在就业上，我们的老师还是很注意引导学生去研究院所和国家重点企业工作的，博士生也很关心国家对钢铁行业的人才需求。第一个联合培养的毕业生，我们曾经送到国外培养了一年半，毕业后就留在 H 研究总院了，H 研究总院也觉得学生的综合素质和能力都很好。第二个毕业的联合培养博士生去 ＊ 钢（大型国有钢铁企业）工作了，进 ＊ 钢是很难的，但是这位同学的科研项目很受认可（L-D-X03-140103）。

工程院所的导师认为，通过联合培养，可以吸收更加优秀的生源并进行人才储备，博士生在高校受到严谨规范的科学研究思维和方法的训练，理论基础扎实，今后能够通过自身在基础研究和前沿研究上的探索工作，为工程院所和相关行业企业未来的长远发展带来动力。

工程院所还是需要基础更加扎实的学生。因为人的精力有限，偏重研究这一方面，另一方面必然会稍微弱一些。我们常年做应用研究，目标是希望把产品做得好用，但是再往下探究下去，至于它为什么好用，可能就关注得少一些了。但还是要搞清楚为什么好用，因为只有这样，下次才能做出来效能更好的东西。所以也只有通过联合培养才能解决这个问题，高校的博士生基础好，又在大学受到基础研究的训练，将来对促进应用研究的发展后劲是非常有益的（L-D-S04-140109）。

从对博士生的访谈情况来看，也有博士生能够站在培养目标多元化的高度看待联合培养的效果，认为联合培养项目的初衷之一就是通过结合高校和工程院所双方的优势，培养出知识和能力更加全面的复合型工科博士生。这样既可以加强工程院所的基础研究工作，将基础研究和应用研究很好地结合在一起，解决行业未来发展的根源问题。还可以通过联合培养为工程院所和行业企业输送更多具备基础研究实力也愿意将基础研究与产业的应用问题相结合的高层次人才，从而为企业甚至整个行业的发展带来一股新风。

> 联合培养的初衷是结合高校跟工程院所各自的优势，培养出复合型的博士生，既有工程运用的能力，也有理论深度（L-S-S08-140109）。

> 实际上联合培养并不是把学生完全送给企业，而是希望从高校输送真正能在企业性质的研究单位发挥作用的博士生，为人才输送创造一个新渠道。如果能在博士期间培养出基础研究的思维方式，对以后的工作有益，往小了说是对自己的工作有益，往大了说是对整个企业和行业有益，如果通过联合培养能够为J研究院积累几十个这样的人才，就可能带来科研的新风（L-S-S09-140603）。

从就业去向来看，在10位受访的联合培养博士生中，有4人认为工程院所通常毕业后留院就业的制度为自己增加了一个不错的就业选择，有4人有想要留在行业内就业的明确意向。受访博士生认为，相比普通博士生来说，联合培养的视野更加开阔，知识和能力更加全面，特别是实践经验丰富，动手能力强，与企业接触广，因此在面向行业内的企业就业时体现出较大的竞争优势（见表3-5）。

> 经过了联合培养的过程，能力得到提升，视野开阔了，在工程院所和企业接触的项目多，相当于半步踏进了社会，将来去企业工作上手更快，这也是就业上的一大优势（L-S-S02-131227）。

表 3-5　博士生对参与联合培养的收获和联合培养效果的评价

主题类别（出现的频率）		开放式代码（出现的频次）
主题类别：博士生对参与联合培养的收获和联合培养效果的评价	子类别 1：实现了培养过程中的优势互补（61.7%）	第二导师提供了有益的指导（18） 双方团队的交流给博士生带来启发（18） 基础研究与应用研究相结合的科研训练（14） 综合利用双方的学术经费设备资源（13） 系统规范的课程学习（10） 双方导师共同参与培养过程（8） 吸收双方导师的知识（6） 感受不同的科研氛围（5）
	子类别 2：博士生的知识和能力更加全面（11.4%）	理论水平和实践能力更加全面（7） 视野更加开阔（4） 实践和动手能力得到提高（4） 演讲能力得到加强（2）
	子类别 3：评价标准具有复合性特征（10.7%）	达到高校的毕业要求（11） 同时满足双方的毕业要求（5）
	子类别 4：输送了优秀人才（10.1%）	留在工程院所就业/向工程院所输送人才（4） 在行业内就业/为行业企业输送优质人才（11）
	子类别 5：规章制度和创新人才培养机制初步建立（4.7%）	联合培养的规章制度初步建立（4） 创新人才的培养机制初步建立（3）
	子类别 6：促进了导师之间的交流和项目合作（1.3%）	促进了导师之间的项目合作（2）

数据来源：笔者根据参与联合培养的 10 位工科博士生访谈稿，利用 Excel 编码计算所得。

二　知识和能力更加全面

如表 3-4 所示，导师们认为联合培养在一定程度上使博士生的知识和能力更加全面。高校导师认为通过让学生参与到工程院所的科研训练之中，加强了博士生的科研工作与工程实践、生产转化的联系，提升了博士生的动手操作能力和应用研究能力，促进了博士生的理论水平和工程实践能力的全面发展，联合培养博士毕业生表现突出，能力优秀，就业时很受欢迎。

编号为 L-D-X03-140103 的高校导师将这种人才培养的效果比喻为"摸得到天，踩得到地"，所谓"天"是指较高的理论水平，所谓"地"是指坚实的工程实践能力。工科的科研离不开与生产应用的联系，同时博士生也应具备较高的理论水平，通过联合培养将高校和工程院所的优势结合，可以使博士生的理论体系有坚实的实践基础作为支撑，也可以使博士生的科研实践有深厚的理论来进行指导，从而实现"顶天立地"的人才培养效果。

我觉得这是一个好的突破，学生的科研能够针对国家急需，因为科研一定要和生产和应用密切联系。但是作为博士生要有足够强大的理论水平，并且理论水平有踏实的实践基础。用一句通俗的话来说：可以摸得到天，踩得到地，这样人才培养水平是很不错的。我个人很看好联合培养这种模式（L-D-X03-140103）。

工程院所导师认为，联合培养可以使博士生接受高校导师的指导，接受系统丰富的课程训练，感受高校良好的学术氛围，利用高校高水平的学术资源，因此知识基础更扎实，眼界更宽广，研究方法的使用能力和对理论问题的思考和把握能力得到了加强，演讲能力等可迁移技能也有所提高，弥补了工程院所在博士生培养的理论基础、研究方法和系统性上的不足，学生在联合培养过程中表现也比较活跃。

联合培养博士生的毕业论文对科学问题有了更深层次的思考，并且在相关工具方法的使用上得到了加强（L-D-S05-140109）。

学生去了 D 大学上课之后，有一些课程对她的影响比我想象得要好，特别是有一门课很有意思，教学生如何使用一套工具开展研究工作，如何更快地找到需要的背景资料，进行综述并提炼里面的科学问题，等等。我觉得通过上课，学生使用研究方法的能力锻炼得挺好。原来我的期望值并没有那么高，准备让她读一个学期，学分够了就回来的。后来我就建议她安安心心地在高校学习两个学期，学分无所谓，关键要把研究的能力和思考的方法学到（L-D-S03-140108）。

受访博士生也认为这种联合培养的模式有利于培养理论水平和实践能力更加全面的复合型工科博士生，对博士生全面能力培养、良好个性的养成以及未来的职业生涯发展都十分有益。博士生在联合培养过程中接触到不同研究方向的导师、不同类型的科研机构、科研项目和合作对象，使自己的视野更加开阔，见识更广，经验更丰富，思维方式更加全面，知识和能力也更加综合，就业选择的范围更广，机会也更多（见表3-5）。

有一部分联合培养博士生曾在硕士期间就读于工程院所，他们通过联合培养与高校的导师和团队有了更多深度接触，高校的科研项目、科研思维和学术氛围与工程院所大不相同，因而视野更加开阔。也有一部分联合培养博士生曾就读于高校，通过联合培养与工程院所的导师和团队有了更多深度接触，工程院所科研项目数量众多，项目类型广泛，有更多机会与企业和各类社会机构接触，做汇报展示的机会更多，演讲能力和口才锻炼得很好，他们也认为联合培养开拓了自己的视野。

我觉得视野要更加宽阔，因为联合培养博士生具备了两个导师的思想传承，各取其长处和精华（L-S-X01-140317）。

我觉得参加联合培养之后视野拓宽了。我本科在 C 大学，现在联合培养在 B 大学上课，感觉两个学校的风格是不一样的，这些经历都是增长眼界的方式（L-S-S06-140520）。

第三节 培养过程的优势互补

国家推行的联合培养项目具有多元化的参与主体，高校和工程院所按照"联合招生，合作培养，双重管理，资源（成果）共享"的原则，在联合培养过程中具有正式和平等的主体身份。由高校和工程院所双方共同选拔并组成高水平的导师指导团队，虽有第一导师和第二导师之分，但二者共同对博士生的培养和管理过程负责，并且原则上双方作为第一导师的老师各占一半。博士生具有高校和工程院所双方正式的学生身份，享有双方为博士生提供的各类课程、后勤和学术资源，并且需要同时达到双方的毕业要求，获得双方的毕业证和高校的学位证。

在 2010 年国家推行联合培养试点前，高校和科研机构之间、导师个人之间存在着长期的"私下合作"培养。受访的 10 位工程院所导师分属于 4 家单位，这 4 家工程院所均与高校形成了长期的课程合作协议；有 3 位导师和相熟的高校导师之间有私下合作培养博士生的经验；H 研究总院还与一家西南地区的高校签订了较为正式的研究生合作培养协议，有计划地将该高校的研究生在课程学习结束后送到北京参与工程院所的科研项目工作，该合作已持续开展 10 多年时间，毕业研究生达300 余人，形成了相对稳定的单位间合作培养的关系。

课程合作仅停留在借用课程资源的表面层次，无法深入博士生的科研训练和对能力的培养之中。导师和单位之间的"私下合作"虽然基于自发的合作需求，有较强的合作动力，但是在合法性、规范性上存在明显不足，并且通常双方是出于较为实际和迫切的需求而形成的合作，很难突破个人和组织的惯性、体制的约束，出于对学生人力资源占用和知识产权争议的顾虑，合作的层次往往也比较低。因而，如果没有强大的政策推动力，单纯靠导师和单位自发很难突破现行体制约束开展深层次、基于多元主体的博士生跨界联合培养。

联合培养模式也不同于企业部分参与培养的模式，后者通常通过博士生参与导师承担的横向项目或到企业实习等方式实现，在这种模式中企业参与程度较低，并非是与高校或工程院所平等的培养主体，也不参与博士生培养的全过程，只是为导师和博士生提供了接触生产和工程实践的机会。

在联合培养过程中，培养主体的多元化对博士生的培养过程产生了重要的影响，双方作为平等合作的主体共同参与到博士生各培养环节的建设之中。如表 3-4 和表 3-5 所示，联合培养在课程体系、导师指导、科研训练和资源利用等环节上都体现出了优势互补的特点，为培养目标的多元化，博士生知识和能力的全面发展创造了良好的条件。博士生对联合培养过程中的优势互补比导师体会更深、更直观，感触也更多。

一　科学与技术相结合的课程体系

受访导师普遍希望通过联合培养，借助高校丰富的课程资源，弥补工程院所在课程上存在的不足，使博士生接受到系统规范的课程训练，有工程院所导师认为高校在课程的理论深度和对学分数量的要求上都比工程院所要高。此外，高校还具有严谨的学风和良好的学习氛围，因此工程院所的导师希望博士生在高校经过系统的课程学习，打好相关学科的知识基础，提升理论水平，锻炼把握科学问题的能力，熟练掌握相关的研究方法，并充分感受高校良好学习氛围的熏陶，提升综合素质。

科研院所普遍在课程设置上比较随意，很难设立一个完整的课程体系。可能导师研究水平很高，研究工作很有深度，但并不是导师能做好科研就能讲好课的，课程体系的建立需要长期的积累。所以科研院所希望通过联合培养，使博士生能够在高校获得系统的培养，特别是在课程学习上（L-D-X02-131226）。

高校的课程非常正规，即使同一个学生，在我们院上课和去 A 大学上课，同一个老师来教，学习效果也完全不同，因为 A 大学有良好的学风，对学生的考试和课程学习要求是成体系的，而且学生学得不好就会不及格。我们院学生少，一年总共只有几个学生，差不多都会让他们及格，学生相应就没有什么压力（L-D-S02-140108）。

B 大学对基础课的要求也比较规范，当然不是说我们不规范，我们也有学分要求，但大学里更加规范，因为它有一种氛围。有时候回想起来上大学最重要的不是学知识，而是感受一种文化和氛围，这对博士生的培养也很关键（L-D-S09-140520）。

从对博士生的访谈来看，他们更强调联合培养综合了双方的课程优势，使博士生接受到科学与技术相结合的课程训练。虽然博士生大部分课程在高校选修，也必须满足高校的学分要求，但通过双方学分互认，博士生也可以在工程院所选修或旁听部分课程。工程院所虽然自身不具备完善的课程体系，但导师具有丰富的工程实践和技术创新经验，工程院所导师开设的一些技术课程与高校以构建学科理论基础、探究科学前沿为主要目的众多科学课程相结合，初步构建起复合型的课程体系，为打牢博士生的知识基础提供了更多选择。也有高校开设了专门针对联合培养博士生的课程，提高了课程学习的针对性。

> 可以在院里选课，也可以在高校选课，只是 C 大学的基础课程是必修的。我们院里的老师也开一些课，但不定时，可能今年开，明年就不一定开，主要是一些特色的技术课程，比如我们实验室开的课就是几个高水平的专家各自讲一部分自己研究领域内的最新技术进展，类似于讲座式的（L-S-S01-131227）。

> 两边都上课，并且各有特色。A 大学以地质类课程为主，虽然跟我现在做的研究内容关系不太大，但是作为一个从 A 大学跨专业过来的学生，地质又是开发的基础，必须得好好学。J 研究院有很好的开发类课程，大多是请在油田上有丰富开发工作经验的老师主讲，课程内容侧重实际操作和技能培训，能够给学生带来一些思想上的启发。

> 有一些 J 研究院考来的联合培养博士生感觉，第一年在 A 大学上课的时候视野被打开了，受益很多。因为 J 研究院的课程非常专业，范围比较窄，都是与石油勘探开发和生产直接相关的，在 A 大学系统地上课对建立知识基础非常有用（L-S-S09-140603）。

因此，联合培养通过双方建立的学分互认规范，充分利用双方现有的课程资源，初步构建起科学与技术、理论与实践相结合的课程体系，为丰富学生的知识、开拓学生的视野、掌握更多的技能和方法提供了一个机会。

二　理论与实践相结合的导师团队

联合培养项目在设计之初就采取了"导师组集体指导，主管导师负责"的指导方式，博士生在高校和工程院所各有一位指导教师，分别作为第一导师和第二导师。第一导师对博士生的培养过程负主要责任，第二导师则协助其进行联合培养博士生的指导。虽然两位导师有正副之分，但共同对博士生的培养全过程进行管理和指导。

学科特点决定了工科博士生既要有相当高的理论水平，其科研工作也要与实践紧密联系。高校导师有较高的理论水平和运用研究方法的能力，在基础研究和追踪国际前沿上有较强的实力，在指导博士生的科研工作和论文选题时，可以帮助把握博士学位论文的理论深度、前沿性、创新性和规范性，建立博士生更加系统的理论基础和知识体系，提高其探索科学前沿问题的能力和学术论文的写作能力。工程院所的导师参与过大量国家重大科研和工程项目，有丰富的应用研究和工程实践经验，可以帮助博士生更加深刻地理解理论和实践的关系，为提高博士生的工程实践能力提供指导，使博士论文选题和博士生的科研工作能够紧密结合国家、行业和社会的重大需求。

大部分受访导师认为，在工科博士生的培养中，学生既要在知识上做到"广博"，也要在研究上做到"专深"；既要注重研究的"基础性"，也要注重研究的"应用性"。在知识规模激增，知识生产分工日益细化的大背景下，博士生唯有在一个相对专深的领域追踪和深入研究下去，才有可能做出创新性的成果，完成博士生的培养要求。但当前知识生产的另一重要特征是不同学科和领域之间的关系日益紧密，知识创新正越来越多地产生于交叉和融合之中，博士生在知识上还要做到广博，才能借鉴其他领域的思想和方法完成自身研究中的创新工作。多数联合培养合作导师在研究方向上既存在相关性，也有一定的差异，形成了互补的关系，有利于博士生吸收跨学科知识，开展跨学科领域的研究。

在博士生精力有限、培养期限较短、导师的知识面和研究领域相对固定的情况下，通过联合培养形成理论与实践相结合并体现出适度学科互补性的导师队伍，进而开展双方团队之间的深度学术交流，对于实现博士生培养中"广博"与"专深"、"基础性"与"应用性"的平衡，达到高层次、创新型工程科技人才的培养要求是一种重要的手段。

如表3-4和表3-5所示，受访的师生群体都认为，高校导师和工程院所导师共同组成了理论与实践相结合的导师团队，二者共同参与博士生的培养过程，为学生提供了吸收不同导师的知识，锻炼不同的技能和拓展研究视野的机会。在部分案例中，双方导师共同参与了招生选拔、培养方案设计、课程选择和学位论文选题等博士生培养的重要环节，分别从基础研究和应用研究的不同角度为博士生提供了思想和物质支持，形成了培养过程中的优势互补。

> 这个学生有时间就跑来跑去，不断地去和不同的老师交流，这种交叉方向的培养对学生未来的学术发展非常有益，对老师来讲也是了解相关学术前沿的一个很好的机会（L-D-X01-131224）。

> H研究总院各个研究所的所长作为对方的负责人管理着这个和B大学的联合培养项目，他们分别是做结构材料、高温耐热钢、国家军用超级钢材料研究的，有非常强的实践应用背景，都是各个方向最主要的权威。但B大学的强项在于理论研究，我们培养出来的学生有比较扎实的理论基础，金属材料的基础还是材料科学，材料科学的基础理论在指导着应用，当然应用也很难，理论和应用就像左手和右手的关系，都很重要。我们尊重他们偏应用的研究背

景，那边的老师有很明确的国家课题和重要的上级指示，我们则注重从理论的角度提高同学们的理论水平，双方的老师共同指导，相辅相成（L-D-X03-140103）。

两个老师之间在研究方向上互补性也比较强，他做微观，在微观结构分析上很有优势，我做材料，主要集中在钢铁材料上，再加上双方有973课题的合作，学生相应收获也会比较大，能从两个老师这里获得不同的知识（L-D-S09-140520）。

博士生日常可以和自己的导师、同学以及所在课题组内的成员进行密切的学术交流，特别是通过组会的形式，可以十分便捷地了解团队内其他人的学术进展和最新发现，相互之间很可能碰撞出思想的火花。这种团队内部的交流，有着方便、规律、研究方向相近的优势，但是往往相互之间差异较小，因此也需要进行各种形式的外部学术交流。以合作导师为纽带，可以增进高校和工程院所科研团队之间的互动和交流，帮助博士生突破自身所在单位的研究定位局限，进一步拓宽视野、增长知识。如表3-5所示，受访的联合培养博士生能够较为明显地感受到在培养过程中，第二导师及其所在团队为自己提供的指导和帮助。在10位受访联合培养博士生中，有8位参与过第二导师团队的组会等各种形式的学术交流和讨论活动，并认为通过和第二导师及其团队的交流，启发了自己的创新思维，提高了相关的科研能力。部分受访的高校和工程院所导师也注重鼓励和引导博士生去参与对方学术团队的研讨，加强团队之间的交流和思想碰撞，促进团队之间更广泛的合作和互补。

B大学的老师给我提供了很多帮助，他认识问题的深度很深，也给我提出了很多值得思考的创新点和建设性的意见。在博士论文选题上，他和I研究院的第一导师都提出了一些比较前沿，值得去做的问题供我参考，我现在需要找到一个平衡点，综合两边导师的意见，把双方的研究要求融合到一起，把我所学的东西都能用出来。我觉得联合培养是一个很好的机遇，可以利用双方的资源，跟着两位导师可以学到更多东西，但是如何整合并利用好这个平台，还要更多靠自己的思考和琢磨。

B大学课题组里还有一些水平很高的博士后师兄，能够在科研方面对我起到引领作用。我硕士的专业和现在相比略有不同，所以我需要团队里有这样一些能领我进门的人，他们教会了我很多东西（L-S-S04-140117）。

虽然我主要的科研工作是在J研究院进行的，但我在A大学也有一个导师，我不时地跟他汇报一下科研进展和思路，双方的思维肯定不一样，经过碰撞之后我自己就知道该怎么办了，这就是联合培养的精髓所在，而不是我到了这边一定要听这边导师的话（L-S-S09-140603）。

三 基础与应用相结合的科研训练

工科博士生的培养与科研紧密结合，融为一体，科研项目在工科博士生的培养中具有重要作用。受访博士生的学位论文工作大部分依托科研项目开展，对博士生科研能力和可迁移能力的训练也要结合科研项目来进行，因此，科研项目的特点也在很大程度上决定了博士生培养模式的特点。高校对工科博士生的科研训练主要依托于基础研究项目，博士生理论基础好，科研工作和博士学位论文更具理论深度，发表期刊论文的科学性更强。工程院所的博士生科研训练主要依托于应用研究项目，博士生动手能力强，科研工作和博士学位论文更具有现实意义和应用价值。

从调研情况来看，比起课程共建、导师共同指导、资源综合利用等层面的合作，高校和工程院所共同构建基础研究与应用研究相结合的博士生科研训练体系这一层次的合作更深，对博士生联合培养效果的影响更大，但相应实现的难度也更大。

在调研过程中发现，双方共建科研训练体系有两种方式。第一种方式是博士生同时或先后参与双方的科研项目并进行科研训练。在 B 大学和 H 研究总院联合培养的案例中（L-D-X03-140103），由双方共同协商确定博士生的科研训练地点和方式，博士生低年级时在 B 大学接受系统的课程和基础研究训练，高年级时大部分时间在 H 研究总院依托国家重大应用研究项目进行科研训练，每周定时回到 B 大学参加课题组的组会进行讨论交流。

> 我鼓励同学们每周抽出三天或者四天的时间到 H 研究总院，多接触一下不同的环境对同学们的发展有好处，可以晚上或周末回来，这边的组会是一定要参加的，每周在组会上同学们会汇报自己的科研进展，我们老师有针对性地进行相应的指导。第二年博士生的课程基本就结束了，开始进入科研阶段，研究院的科研环境有它的长处，B 大学的科研环境也有自己的优势，我们鼓励同学来回跑，两边都深度参与，幸好离得也不远（L-D-X03-140103）。

第二种方式是博士生依托两位导师的合作项目开展自己的科研训练，虽然在 10 位受访的联合培养博士生之中，有 3 位博士生双方导师之间有科研合作项目，但只有编号为 L-S-X01-140317 的博士生的科研工作和学位论文选题是依托双方导师的合作项目开展的，其余 9 位博士生都是以第一导师的科研项目为主。

> 我现在参与的就是两个导师合作的项目。双方导师有共同的合作项目，而且很大一部分工作我能够参与进去。他们的研究领域有很多交集，刚好我的课题在交集之中（L-S-X01-140317）。

导师们认为第一种方式相对来说比较容易实现，而在第二种方式中双方共同申请项目受到科研体制和单位政策等多方约束，项目合作可遇而不可求。但受访博士生们普遍强烈希望联合培养未来能够依托于导师间的合作项目开展，因为同时在双方进行科研训练相对于有限的精力来说，会给博士生带来很大的压力，没有共同的项目作为依托，两位导师的指导也很难同时深入到具体的科研细节之中；靠博士生自身努力来弥合双方导师的观点，融合基础研究与应用研究的训练要求，完成培养目标和做出创造性成果的过程更加漫长，效率也相对较低。

四　学术设备经费资源的综合利用

联合培养对博士生来说，另一实际的收获就是通过双重的学生身份和双方导师的支持，可以更加方便地综合利用双方的学术、设备和经费等资源支持自己的研究工作，例如高校具有丰富和便捷的学术数据库资源、高层次的讲座和学术交流资源、高精尖小型实验设备资源，而工程院所在大型实验设备和行业内的资源上占有明显优势。

这个博士生综合利用了几方面的设备和经费。J研究院的科研设备条件肯定比我们好，所以一些消耗大量时间的、需要好一点仪器设备的实验在那边做，一些基础实验在我们这儿做（L-D-X01-131224）。

对方的实验设施更完善一些，条件比我们好。如果我有需要的话就去找副导师，比如希望提供一些做大型实验的机会，他肯定也会支持的（L-S-X01-140317）。

第四节　评价标准的复合性

由于联合培养博士生具有高校和工程院所的双重学籍，最终要获得双方的毕业证书，必须同时满足高校和工程院所的毕业要求，因而联合培养模式对博士生的评价标准呈现出复合性的特征，博士生的科研成果应兼顾理论深度与应用前景，实现理论创新和技术创新的结合。

从调研情况来看，评价标准的复合性特征在从事工程院所应用型项目研究的博士生以及博士学位论文依托双方导师合作项目的博士生这两类群体身上体现得尤其明显。

由于联合培养博士生最终只获取高校单方的学位证书，因此达到高校的学位标准尤为重要。大部分受访博士生和导师也反映，在双方相同和相近的学科中，高校对博士学位论文的理论深度和创新性要求，对发表期刊文章的层次和数量要求都明显高于工程院所，对于主要从事应用研究项目的博士生来说难度较大。在工程院所从事应用型项目研究的联合培养博士生，一方面要实现项目的任务和指标要求，同时还要注意从科研项目中提炼科学问题，进行深入的思考和探索，提高写作和表达技巧，从而完成高校对博士学位论文和发表文章的要求，实现融合基础研究与应用研究的目标，在他们身上鲜明地呈现出评价标准的复合性特征。

这对博士生来说，首先意味着挑战和困难，他们比只需满足单一评价标准的其他博士生要付出更多努力，接受更多磨炼，但也意味着会受到更加全面的训练，拥有更丰富的收获。对比来看，受访的联合培养博士生对评价标准的复合性特征比导师感受更为突出和明显，他们对其中的困难也有着更加清晰和具体的认识。

> B 大学博士生毕业要求发表 SCI 论文，我们没有这个要求。联合培养博士生必须满足 B 大学的要求才能毕业，所以就会逼着学生去写科学性很强的论文，这样学生就会去深入思考一些问题。我们单位不是联合培养的学生只需要做好课题，知道怎么做基本上就能毕业了，对发表文章的要求不是很高（L-D-S07-140117）。
>
> 我们在 H 研究总院通常是做应用型的科研项目，比如金属工艺或者材料成分方面的研究，目的是要把材料使用上，因此大部分时间都用在了如何达到导师提出的材料性能目标上，这也是很难做

到的。但是联合培养博士生还要做好毕业论文，发表高水平的文章，把应用项目理论化，提炼出其中的物理本质进行深入的分析，这就难度更大，如何融合基础研究和应用研究的要求是其中的关键（L-S-S07-140624）。

虽然大部分受访导师都认识到联合培养博士生评价标准的复合性特征，但对比之后可以发现，受访的 3 位高校导师都更加强调对自身所在高校评价标准的坚守，认为不管学生的身份是不是联合培养，应对所有授予高校学位的博士生一视同仁，坚持高校的学位标准不放松，对所有博士生采取统一的标准进行考核。

我们是按 B 大学学术委员会的要求来进行培养的，对所有拿 B 大学材料学科博士学位的同学，我们都是按照这个标准来要求，不可能有任何放松，这是原则问题。这批参与联合培养的同学除了要达到 B 大学的学位标准，还要完成 H 研究总院提出的具体课题要求，他们的压力也比别人要大，但这对他们也是一种很好的锻炼方式，要求越全面，同学们成才的效果就越好（L-D-X03-140103）。

在依托双方导师的合作项目进行科研训练和开展学位论文工作的博士生身上，也体现出评价标准的复合性特征。高校和工程院所导师合作申请的科研项目通常既具有较强的理论性和基础性，也有明确的应用前景和实际价值，对博士生科研工作的评价也需要同时从基础研究和应用研究两个角度进行，两位导师也能够根据自己的科研经验和专长有针对性地对博士生进行合作指导并提出相应的要求。依托导师之间的合作项目进行联合培养，使博士生满足双方复合性评价标准的难度大大降低，培养效率和培养质量得到提升。

博士毕业论文应该阐述一个系统的问题，其中既有理论研究，又有实际构件开发,还有设计方法的总结。B 大学的导师在理论方面支持我,对我提出理论创新的要求,工程院所的副导师在构件开发上对我进行指导,例如提出新的构件性能目标,有时我会觉得某个构件达到一个性能指标就很好了,但是副导师可能会从他的实践经验出发觉得指标还不理想,或者我想要做到很高的性能指标,但副导师会提示我没有可操作性也不必要,从而在满足实际需求方面给博士论文提出标准并进行指导(L-S-X01-140317)。

对于在高校进行项目研究的博士生来说,满足高校毕业标准的难度比在工程院所开展项目研究的学生要低,但是如果想要获得实践锻炼的机会,全面提升自己的知识和能力水平,获得在行业内就业的竞争优势,也需要切实投入工程院所的科研活动中,相应地达到应用型科研项目的要求。因此对所有联合培养的博士生来说,如果想要切实收获跨界联合培养的效果,都要面临如何满足复合型评价标准的问题,也会因此比非联合培养的其他博士生遇到更多挑战,付出更多时间和精力,但经过这样的锻炼,相应收获也会更多。

第五节 科研合作的深入推进

如表 3-4 所示,高校和工程院所的导师都认为,通过联合培养促进了合作导师之间的沟通和交流,以学生为桥梁和纽带将双方联系得更加紧密,导师也能够通过联合培养对彼此的科研工作和进展有更深入的了解,从而补充自己相关知识的不足,拓宽研究思路,甚至由于联合培养促成了双方科研项目的合作。导师间科研合作的深入推进也是联合培养效果的重要体现。

在访谈中可以发现,受访导师都对通过联合培养来促进双方导师和学科的交流合作表示期待,以联合培养为纽带的导师间科研交流有何特别意义?吉本斯等人在阐释"模式 2"的知识生产动力学时,区分了同质性和异质性的知识增长，前者指的是某个实体的扩张，后者指的是使组成要素重新排列组合的差异化过程；并认为当前知识总量暴增、科学分支不断细化，加上知识生产和经济全球化的背景，导致了异质性的知识增长。在知识异质性增长的过程中，起到中心作用的就是"交流"，交流的密度成为最关键的要素。①

《无形学院——知识在科学共同体的扩散》一书研究了在科学共同体中知识增长、扩散方式与社会组织的关系问题，由少量高产科学家组成的"无形学院"促进了科学交流和知识的扩散，科学家之间交流的方式和频率对学科范式的形成和学科的发展具有重要的意义。② 虽然该书针对的是基础研究领域，作者也直言应用研究与基础研究有很大不同，但它对科研组织和科研工作者通过交流促进知识增长的研究为本书提供了一定的启发。

交流可以促进知识的传播与扩散，从而对从事相同或相关领域研究的知识生产从业者产生启发和借鉴的效果。因此，导师们都热切期盼着密切的学术交流，通信技术的高度发达也使得当前学者们的交流方式更加多元，有学术会议、讲座、论文评审、科研项目申请与评审、阅读发表的期刊论文、做客座教授与访问学者、科研项目合作等多种方式，交流也更加便捷高效。

> 我们和高校合作很多，都在一个领域里，也很容易在一起做课题（L-D-S07-140117）。

但合作共同培养博士生给导师们带来的交流却有着与其他交流方式不同的强度、密度和责任感。有 2 位高校导师和 2 位工程院所导师用隐喻的方式谈到了博士生对促进导师间交流的独特作用，他们分别

---

① 〔英〕迈克尔·吉本斯等：《知识生产的新模式——当代社会科学与研究的动力》，陈洪捷等译，北京大学出版社，2011。

② 〔美〕黛安娜·克兰：《无形学院——知识在科学共同体的扩散》，刘珺珺、顾昕、王德禄译，华夏出版社，1988。

将博士生比喻为"桥梁"、"纽带"、"媒介"和"蜜蜂"。"桥梁"意指学生在导师中间起到的衔接作用，使导师之间有了更便利的交流和联系方式。"纽带"意味着合作指导的学生将两个导师更加紧密地联结在一起，这也是合作指导与一般的学术交流存在本质不同的原因，学术会议、讲座等交流方式自由灵活、范围广、更新及时，但相对而言关系是松散的，交流深度也比较浅。导师有指导学生的责任和义务，双方导师要紧密合作、形成合力共同对博士生的培养过程、成果产出、顺利毕业、职业发展和学术道德养成负责，这些责任义务将合作导师紧密联结在一起，使他们成为学生共同的"师长"。结合博士生培养的不同阶段，导师之间可以开展长时段、深层次、逐步推进的交流过程。

> 联合培养是一个纽带和桥梁，在原有的合作基础上增加了一个新的途径，使得大家因为学生联系得更密切了（L-D-X02-131226）。
>
> 通过学生这个纽带能够加强老师间的联系（L-D-S08-140117）。
>
> 我们的一些同学也都在 H 研究总院工作，原来通过开会、科研就有一些交往，当然联合培养把我们联系得更紧密一些（L-D-X03-140103）。

将联合培养的博士生比作"蜜蜂"，新奇、形象而又适切。蜜蜂在采集花蜜的过程中，在不同的花朵上停留，使得花粉在花朵间传播，帮助完成了授粉的过程，也采集到了花粉，并以此为原料酿成甜美的蜂蜜。学生是蜜蜂，合作导师就是不同的花朵，导师提供的知识和资源则是花粉，导师供学生采集花粉，学生则在导师间传递信息，并通过自己的努力"酿造"出创新性成果，因此"蜂蜜"是导师的花粉原料加上学生自身努力共同形成的成果结晶。导师在这个过程中也通过学生加强了双方的交流,"授粉成功"并"开花结果"。这个隐喻形象地刻画了在联合培养过程中,学生和导师们通过交流互相促进、均有收获的局面。

> 老师都很忙,很多交流都是通过学生的桥梁作用,通过学生进行沟通更直接、更有效。我们也做石油地质的研究,但是没有条件和机会直接和 J 研究院的老师们进行更深的交流合作。但是通过学生就不同了,形象地说,学生像一个蜜蜂,一会儿在这儿落一落,一会儿在那儿落一落,就在两个导师之间传递得很好 (L-D-X01-131224)。

这种深度交流合作的机会对导师们来说也比较难得,他们隶属于不同的单位,有着不同的科研评价标准,研究方向之间存在或大或小的差异,平日都有着繁重的科研任务,很难通过导师自发结成紧密、规范、系统、大规模的合作关系。联合培养博士生项目的开展,为高校和工程院所的导师们创造了一个机会,也使导师之间的联系比以往更加紧密。

> 既然要联合培养学生,导师势必定期在一块讨论,从学生开题到中期检查、毕业论文,这会是一个相对密切的沟通和研讨机制。没有学生的话,可能大家在一块有机会就聊聊,没机会只能在开会时交流,但是现在因为学生就必须开展一些专门的、深层次的、更系统的交流,无论对学校的老师还是我们研究机构的导师,都是一个相互补充、学习和提高的过程 (L-D-S05-140109)。

博士生的科研工作具有前沿性和创新性的特点,因此通过指导博士生可以实现双方导师在科研前沿上的深入交流,帮助导师更新知识,补充了解相关领域的进展,帮助导师进一步拓展研究方向。

　　另外一个合作导师搞混凝土细观结构研究，我过去没怎么接触过，现在通过联合培养学生也接触一些类似的工作（L-D-S08-140117）。

　　如果博士生本身具备积极主动的性格特质，乐于在两个导师之间充当"桥梁"和"蜜蜂"的角色，那么所起到的作用可能不仅是帮助导师补充相关知识、了解学术前沿发展，甚至在部分案例中，联合培养博士生使双方导师和单位之间的联系更加紧密，了解更加深入，进而促成了双方合作申请科研项目或由工程院所设立双方的合作项目作为支撑联合培养博士生的平台，从而实现了科研合作从无到有的突破。也有受访的博士生认识到了自己的"桥梁"和"纽带"作用，认为通过联合培养可以加强高校科研工作与工程实践的联系，有了博士生作纽带，可以加快高校导师科研成果和专利的转化进程，使高校导师的科研成果得到更好的利用。

　　跟 J 研究院的项目合作实现了从无到有，因为 J 研究院的领导要求在院内设立专门项目支持联合培养，这样才能真正有平台开展合作（L-D-X01-131224）。

　　联合培养可以加快应用转化的过程，高校老师其实科研能力很强，有很多论文或者专利，但是老师们在学校里忙着自己的项目，没有时间自己出去推广成果，如果通过交流，甚至有联合培养的同学作为纽带的话，就可能实现基础和应用的结合，加快转化的过程（L-S-X01-140317）。

第六节　品牌效应和管理机制初步形成

　　受访导师们认为经过数年试点，目前联合培养的品牌效应已初步显现，主要表现在对生源的吸引力逐步增强，学生报考的积极性高涨，师生对联合培养的认识不断加深，对联合培养的前景更加看好。

工程院所导师对品牌效应显现的认可度比高校导师更高，由于合作高校在知名度和学位证书的社会认可度上都高于工程院所，因此工程院所导师认为参加联合培养对学生今后的就业和发展都很有好处，联合培养也使工程院所对优秀生源更具有吸引力，生源质量从而得到了提升。部分受访工程院所导师认为，联合培养模式的层次要高于工程院所内部单独培养的模式。

联合培养项目自 2010 年启动试点已运行了数年的时间，虽然仍有诸多规章制度需要进一步完善和创新，但目前各单位已初步建立起一套关于联合培养的规章制度，基本做到有章可循，为联合培养的招生和培养提供了依据。

> C 大学已经专门出了联合培养的手册，制订了论文和科研成果认定的相关细节（L-S-S08-140109）。
>
> 第二届在管理上更加规范，规章制度更健全，很多环节都很成熟，我们很早就知道该怎么办，什么事应该提前去做（L-S-S09-140603）。

还有博士生认为，联合培养项目不同于以往工程院所和企业为高校博士生提供实习的合作方式，而是建立起了一种创新型的人才培养模式和机制，应该适时总结联合培养取得的成果和存在的问题，从而让这种人才培养的模式和机制发挥更大优势（编号：L-S-S09-140603）。

第七节　存在的问题

虽然受访的导师和博士生群体都对试点项目中联合培养模式取得的效果做出了积极的评价，但不可否认，作为一项改革项目和新生事物，目前联合培养在运行过程中仍存在不少问题，影响了合作效果的充分发挥。

一　国家项目与自发需求存在差距

联合培养博士生作为一项国家自上而下推动的改革项目，虽然政策的出台是对基层"私下合作"经验的借鉴和提升，前期也对相关师生和管理人员开展了广泛的调研，并由高校和工程院所等基层单位申报联合培养指标，但在项目的实际运行中，从受访师生的体验来看，部分联合培养项目仍与导师和博士生的自发需求存在着一定差距。

有两位受访导师在开展联合培养之前与合作导师并不认识，只是通过双方单位的管理人员牵线，出于增加招生名额等偶然性目的形成了松散的合作，在联合培养博士生入学数年之后，双方导师之间仍然互不熟悉，对自己作为第二导师指导的博士生也不认识，更谈不上将双方的合作落实到学生的培养过程之中了。虽然从访谈情况来看，导师们都对加强高校和工程院所之间的交流合作和联合培养抱有期待，但事实上联合培养项目在政策执行过程中，与导师的自发合作需求存在着不相匹配的现象，影响了导师参与合作的动力。

在研究方向上，导师们普遍希望合作双方略有差距但不宜过大，应针对相同或相关的研究领域，从而形成差异性的互补关系，差距过大双方无法共同指导博士生的科研工作，没有差距则难以实现互补，体现不出联合培养的特色和优越性。但事实上，很多导师反映双方研究方向差距不当，或者过大或者雷同，与导师们的预期不符（见表3-6）。

> 我都不知道我做第二导师的学生有几个，据说有四五个，我认识的也只有两个。我做第一导师的学生有两个，对方导师也没有给他们太多指导，相互之间沟通很少，我有时会叫学生找一下对方老师，但是老师看和他的课题关系也不大，也忙得顾不上，第二导师的实质作用不大（L-D-S01-131227）。

表 3-6　博士生导师认为联合培养存在的问题

主题类别（出现的频率）		开放式代码（出现的频次）
主题类别 1：高校导师认为存在的问题	子类别 1：管理制度不完善（43.6%）	双方后勤保障和培养费用分担责任不清（8） 新生事物困难多（4） 体制原因造成联合培养学生留院就业困难（3） 招生指标下达晚（1） 导师互聘难（1）
	子类别 2：联合培养没有落到实处（33.3%）	缺少合作项目作为联合培养平台（10） 双方培养脱节，没有形成合作指导（3）
	子类别 3：社会认可度低（17.9%）	学生对联合培养存在顾虑（6） 联合培养规模太小（1）
	子类别 4：国家项目与自发需求存在差距（5.1%）	导师间研究方向差距不当（2）
主题类别 2：工程院所导师认为存在的问题	子类别 1：联合培养没有落到实处（55.1%）	双方培养脱节，没有形成合作指导（15） 第二导师的作用没有充分发挥（13） 导师间研究方向差距不当（5） 对导师的约束和激励机制尚未建立（4） 缺少合作项目作为联合培养平台（1）
	子类别 2：国家项目与自发需求存在差距（21.7%）	不认识合作导师（7） 导师间研究方向差距不当（6） 事先不知道学生是联合培养博士生（2）
	子类别 3：管理制度不完善（18.8%）	缺乏对异地联合培养的支持和约束机制（5） 对导师的约束和激励机制尚未建立（4） 事先不知道学生是联合培养博士生（2） 要求合作双方都有博士点不尽合理（2）
	子类别 4：社会认可度低（4.3%）	联合培养规模太小（2） 学生对联合培养存在顾虑（1）

数据来源：笔者根据参与联合培养的 3 位高校导师和 10 位工程院所导师访谈稿，利用 Excel 编码计算所得。

有两位受访博士生反映，联合培养的招生录取工作与自己的期待存在较大差距。其中一位博士生甚至是在入学后才得知自己成为一名联合培养博士生，要立刻出发去地处东北地区的 E 大学进行半年的课程学习。另一位博士生经过自己的考虑决定报考与 B 大学的联合培养项目，但也是入学后才知道具体是与哪个院系的哪位导师合作，入学前对联合培养的各项规定和制度也缺乏了解，对联合培养过程中的困难和挑战估计不足（见表 3-7）。

　　当初我报考的是 H 研究总院，报到的时候告诉我去 E 大学报到上课吧，我说怎么回事？然后告诉我给我弄了一个联合培养，我也不懂这是怎么回事，刚开始第一届许多政策性文件老师们也搞不太明白（L-S-S05-140109）。

　　当时报考想得稍微简单一点，是不是拿 B 大学的文凭就好找工作？但是现在觉得实际上差别也没有想象的那么大，博士找工作学历当然是一方面，但主要还是看博士期间的研究成果。我因为从小一直学习比较认真，一直想上 B 大学，这也算圆了一个梦，可能当时想得稍微单纯一点。我考博之前并不知道具体是跟哪个学院，哪个老师联合培养，报到那天才知道。不同的学院毕业要求也有差别，我是入学之后才发现要发表四篇 SCI 论文，这样毕业难度就很大了（L-S-S06-140520）。

表 3-7　博士生认为联合培养存在的问题

主题类别（出现的频率）		开放式代码（出现的频次）
主题类别：博士生认为联合培养存在的问题	子类别 1：联合培养没有落到实处（70.7%）	缺少合作项目作为联合培养平台（23） 第二导师的作用没有充分发挥（12） 导师之间研究方向差距不当（6）

续表

主题类别（出现的频率）		开放式代码（出现的频次）
主题类别：博士生认为联合培养存在的问题	子类别2：管理制度不完善（25.9%）	发表论文的作者单位署名规定不清楚（3） 入学时规章制度不健全（3） 入学后才知道是联合培养博士生或第二导师是谁（2） 跨部门跨机构协调工作量大（2） 管理人员协调力度有限，没有专人负责（2） 住宿远，不方便（2） 硕士课程无法全部被大学承认（1）
	子类别3：国家项目与自发需求存在差距（3.4%）	入学后才知道是联合培养博士生或第二导师是谁（2）

数据来源：笔者根据参与联合培养的 10 位工科博士生访谈稿，利用 Excel 编码计算所得。

二 培养过程中合作尚未落到实处

综合来看，导师和博士生都集中反映联合培养过程中合作没有落到实处是目前存在的最突出的问题。部分项目只是具有联合培养的"名义"，却不具备联合培养的"实质"，缺少合作项目作为联合培养的依托平台，双方培养脱节，没有形成合作指导，第二导师的作用没有得到充分发挥。

如前所述，工科博士生的培养与科研紧密结合、融为一体，科研项目在工科博士生的培养中发挥了重要的支撑作用，如果缺少双方导师共同参与的合作项目作为联合培养的平台，只跟随其中一位导师从事项目研究工作，另一位导师（通常是第二导师）就很难对博士生的科研工作进行细致的指导，往往只能停留在表面，提出笼统的意见，无法深入博士生的科研进展和学位论文工作之中，他所能够发挥的作用就十分有限。在本书调研的部分联合培养案例中，导师和博士生认为除了上课和毕业要求外，联合培养博士生与其他学生没有体现出区别，实现博士生培养目标的多元化和培养过程的优势互补也无从谈起，使得联合培养效果大打折扣。

博士生对缺少合作项目作为联合培养支撑平台这一问题反映尤为突

出。如果导师之间没有合作项目，博士生只能在其中一方进行科研工作，通常是在第一导师的指导下开展研究，第二导师的作用无法充分发挥，特别是对于在工程院所从事应用型项目研究的博士生来说，高校对博士学位论文和发表期刊文章的理论深度和创新性要求都比工程院所高，如何融合基础研究与应用研究，满足复合性的评价标准难度很大，这是关系到毕业和获得学位的切身大事。从调研反映的情况来看，联合培养博士生，特别是在工程院所从事应用型项目研究的博士生普遍感到毕业压力较大，他们从项目中凝练研究方向、发表高水平论文的难度都比较大，很多人都面临着博士学位论文要在一定程度上脱离于日常科研项目的现实选择，但如此一来，就要面临时间精力不足、难以获得有效指导和资金数据支持等问题。在 10 位受访联合培养博士生中，虽然有3 位双方导师有合作项目，但是其中只有一位是依托合作项目开展博士学位论文研究工作的（L-S-X01-140317）。

> I 研究院以前要求发表 3 篇核心期刊论文，最近好像要求至少有 1 篇 EI 论文，当然不同导师的要求也不一样。B 大学要求至少发表 1 篇 SCI 和 1 篇 EI 论文，但是水利行业是传统工程行业，国内的 SCI 期刊非常少，投稿难度相当大。我现在 1 篇 SCI 论文都还没有发表，但是已经读了 3 年博士了，对于究竟什么时候能毕业，心里非常紧张（L-S-S03-140117）。
>
> 我觉得大家对读博士会很辛苦是有觉悟的，但是高校和科研院所存在很大的不同，高校更注重对理论的研究，科研院所更注重有经济产出的应用研究。具体到博士生的科研上，有时候就觉得挺吃力，如何综合两边导师的意见，想办法把二者融合到一起，把我所学到的东西都能应用出来，就需要找到一个平衡点。
>
> 如果跟着项目走，项目没有这么深的需求，对方就不会给你提供这么多资料，所以如果想要做比项目更深入的研究，资料是一个大问题，这是我最近遇到的主要问题（L-S-S04-140117）。

缺少合作项目作为联合培养的平台也使得培养目标多元化难以实现，向企业输送理论水平与实践能力兼备的复合型工程科技人才的效果减弱。第一导师在高校的博士生没有机会深入参与到工程院所的科研工作中，工程实践能力和可迁移技能难以得到锻炼，也无法积累在行业企业中的就业资源，从而获得留在工程院所和行业内就业的机会。第一导师在工程院所的博士生缺少接受基础研究思维和能力训练的条件以及高校导师的详细指导，理论水平难以提升，与工程院所原有单方培养的博士生相比没有明显的差异。因此受访的博士生强烈建议，未来联合培养项目能够更多地依托双方导师的合作项目来开展，这是提高联合培养效果、减少培养过程中的阻力和障碍、实现协同创新的重要途径。

> 其实我觉得现在联合培养跟普通学生的差距不是很大，主要就是上课、待遇还有双重学籍有点不同。其他的区别不大，特别是在项目上跟院内其他同学没有区别。我想既然是联合培养，就应该是跟着联合培养的项目走，这样才更能发挥双方的优势。现在只能发挥学校的课程优势，双方的交流不够，成了独角戏，没有做到实质性的联合培养，所以效果并不大（L-S-S02-131227）。

> 我希望今后能够重视结合双方导师合作的项目进行联合培养，这样两边的导师可以同时进行指导，对于一个联合培养的博士生来说，成长会比较快，培养效率高，节约时间，还可以更好地融合双方的研究，利用双方的资源，产出的效果也可能比单方培养、只在一边做项目好很多（L-S-S04-140117）。

在缺少合作项目作为联合培养平台的情况下，只能依靠双方导师之间的合作基础和沟通协调来进行合作指导，目前对导师的约束和激励机制尚未建立，主要靠导师的自觉和自律，对导师之间责任和义务的分担规定不清，这就有可能导致博士生管理和培养过程中的空白。另外，也没有对双方导师必须共同参与博士生培养的全过程做出明确规定，很多联合培养博士生仍由第一导师单方面进行招生和培养，课程结束之后和第二导师及其团队的接触和交流就会减少。

> 我的论文题目就是一导决定的。和 B 大学的老师还是缺乏交流，以前经常去参加他们的学术活动，后面因为项目比较忙就去得少了。虽然两边大方向是一样的，但是具体到研究的课题就出现很大的不同了，第二导师可能只会提一个泛泛的、大体的建议思路，类似水利系这个专业的老师都会想到的一个思路，但是没办法十分吻合我自己的研究方向（L-S-S03-140117）。
>
> C 大学那边做纳米材料，主要偏半导体、氧化锌的研究，这边做强磁材料，两边的差距也很大。能够跟第二导师学习一些思想方法，但是细节上的指导还是很难做到，除非是有交叉课题，否则就只能在一边做，但是导师之间申请交叉课题也很难（L-S-S07-140624）。

不论对导师还是博士生来说，将联合培养落到实处都意味着需要更多的付出。导师要投入大量时间和精力进行沟通协调，协商培养方案和指导方式，定期集中交流讨论和共同解决联合培养学生遇到的制度障碍等，比单独指导博士生耗费更多时间精力。对学生来说，也需要不同程度地参与和融入双方的科研工作和团队之中，满足双方的项目和毕业要求，沟通协调两位导师之间的意见和建议，还要在两个单位之间来回奔波，比其他学生要更加辛苦。但也只有将合作落到实处，才能真正实现联合培养的改革初衷和师生参与联合培养的最初期待。

三　联合培养的管理制度仍不完善

联合培养相关制度的不完善使培养成本过高，影响导师参与的积极性，也关系到合作培养的效果和博士生的切身利益。

高校导师对这一问题的反映比工程院所导师更加突出，他们认为，目前联合培养工作中存在着诸如教育主管部门管理程序不畅，招生指标下达过晚，影响了选拔优秀生源，双重学籍难以实现等管理问题。在合作过程中，双方责任分担机制不明确，对诸如学生住宿和后勤保障、培养经费如何分担等都没有明确的责任分工制度规定，只能靠双方协商解决。在协商过程中常会出现责任不对等的问题，高校由于人才培养基地的定位，往往需要承担更多的责任和义务。

> 像学生住宿这类问题，我们自己承担了更多的义务，J 研究院没有对等地去承担，因为目前没有明确的规定和制度保证，这是有缺陷的 （L-D-X01-131224）。

编号为 L-D-X03-140103 的 B 大学导师特别强调了博士生培养成本分担责任不明的问题。在这个 B 大学和 H 研究总院的联合培养项目中，由高校导师选择已经培养得较为成熟的高年级博士生进行联合培养，送到工程院所做项目研究，高校导师承担了前期主要的培养成本，但是没能在自己的科研项目中使用博士生的人力资源，付出与回报不对等，长此以往会影响高校导师的参与动力。

成本分担问题在这个案例中如此突出的原因就在于双方实现了实质上的联合培养，但是相关的成本分担制度还是空白。名义上的"联合培养"不存在培养成本分担的问题，当然也达不到合作培养的效果。如果双方有合作的科研项目，培养成本分担和培养平台建设的问题也都能迎刃而解了。通过联合培养促进高校和工程院所的科研合作和协同创新是改革试点的深层期待，但仍有两位高校导师认为，国家整体的科研体制没有对跨机构科研项目合作提供强有力的支持，因此科研合作甚至比合作培养博士生的难度更大，即使有合作意愿也未必能够实现，导师个人的意愿很难突破体制障碍。在项目合作实现难度大的情况下，进行实质性的联合培养，就需要解决培养成本分担机制的问题。

如果有合作项目来培养人的话，就无所谓成本分担了，但是如果没有合作项目的话，实际上我们是在拿自己的钱来培养学生。双方有项目合作的意向，但是涉及的问题更加复杂，没有机制支持的话，不是想做就能做的（L-D-X03-140103）。

在另一位高校导师的案例中，由于合作方工程院所领导高度重视，在院所内部为联合培养设立了一些合作项目，作为支持联合培养的依托平台和经费来源，并且考虑到高校老师的科研项目也很充足，充分简化了申报手续，方便高校导师申请（L-D-X01-131224）。

工程院所导师认为导师之间的合作指导存在着比较突出的问题。目前缺少对导师间沟通交流的支持和约束机制，对双方导师的责任义务规定得也不明确，可能导致导师间缺乏沟通、责任分担不清、支持不到位等问题，从而出现博士生管理和指导上的空白。

A 大学的第二导师和我是师兄弟，但是知识分子的交往特点是似乎可以管，但又不愿意过多插手，彼此不知道对方的想法，沟通的比较少，可能做了一些辅导性的工作，但还不够，这是下一步应该继续做好的工作（L-D-S02-140108）。

现在刚起步，很多机制还没有建立，应该对导师设立考核或激励的机制，从不同层面有重点地提出对导师义务的指导性意见，使大家有一个参考，指明如何能更好地进行交流和合作培养，对学生提供支持，因为有一方导师不上心，联合培养的效果可能就会打折扣（L-D-S05-140109）。

虽然联合培养经过数年的试行已积累了一定的经验，很多高校和工程院所也初步建立起联合培养的相关规章制度，但博士生仍感觉到相关管理制度还不完善，沟通协调工作量大。联合培养的各个环节都涉及两个单位之间的沟通协调，特别是当双方对培养环节和毕业要求的规定存在冲突时，博士生可能面临着无所适从的迷茫，需要自己进行沟通来推动问题的解决，难度可想而知。调研中很多第一导师在工程院所的博士生和工程院所的管理人员深感高校管理部门众多，为了解决一个问题，可能要在高校的研究生院、招生办公室、后勤、学位委员会等众多学校部门和院系之间进行多次协调。

管理制度不完善对博士生的培养过程、就读体验和切身利益产生了重要影响，很多第一导师在工程院所的博士生和管理人员反映，在学生发表文章的第一作者单位署名问题上存在不少问题，有的高校严格规定学生毕业所需发表的文章，第一作者单位应为该高校（有5位受访博士生明确表示自己所在的联合培养项目是这样规定的），但在工程院所进行研究工作的博士生及其导师大多认为文章第一作者单位署名属于知识产权问题，有着约定俗成的规定，应以项目所属方为当然的第一作者单位。如何处理这一问题直接关系到学生毕业的头等大事，但是对这样重要的问题，有5位受访博士生表示不了解相关的规定，不论是政策规定的宣传力度还是学生的知情情况都不乐观。

> 我也不清楚第一作者单位怎么署名，发文章肯定要署第一导师所在的单位，因为做的项目是他的，文章所有权肯定是第一导师单位的。但是为了保险我把两个老师都署上了，因为我也不太清楚（L-S-S01-131227）。
>
> 之前我的一个师姐也是联合培养博士生，她发文章不知道到底怎么署名，这种情况比较复杂，高校的第二导师和项目是不相关的，但是必须署名否则毕不了业。当时师姐问管理人员，他们也不是很清楚，只是说最好两边都署名，也没有给出一个明确的答复（L-S-S02-131227）。

高校对发表文章第一作者单位的严格规定是从谨遵学术规范，严控培养质量的角度出发设计的，但是在联合培养这种特殊的培养模式中，应考虑到博士生的具体情况和学术共同体对知识产权归属约定俗成的做法，对联合培养博士生做到灵活处理。也有高校导师谈到在对国际合作培养博士生的研究成果进行认定时存在着类似的问题，对待这类问题，总体的趋势是越来越宽松、灵活和淡化。

> 署名问题原来卡得比较紧，规定文章必须得是 A 大学的才能够毕业，现在慢慢也在出现变化。包括我们跟国外联合培养的博士生，学生到人家实验室去，虽然国家给了生活费，但是在那边做实验的开销要比生活费多得多，人家提出来你的文章在这儿做的科研，必须署这儿的名字，我觉得也很正常。这几年变化很大，我们跟 G 研究院在谈这个问题时，大家还对成果的归属有讨论，现在慢慢就看淡了（L-D-X02-131226）。

四 联合培养博士生的社会认可度仍较低

联合培养作为一项新生事物，社会公众和用人单位接受起来都需要一个过程，再加上联合培养博士生的招生数量与全国工科博士生总量相比规模很小，宣传力度也不足，在广大用人单位中影响力较低。因此部分受访导师反映，博士生群体对联合培养存在很多顾虑，特别是担心由于社会对联合培养的认可度低，用人单位不了解联合培养项目的情况从而可能产生误解，影响学生顺利就业。学生的顾虑会影响联合培养未来对优质生源的吸引力，这个问题在高校导师的访谈中反映更加突出。虽然国家对联合培养单位的选择是基于"强强联合"的原则，但工程院所博士生培养规模小，社会影响力和认可度都不如与之合作的"985"和"211"高校，来自高校的博士生对联合培养的社会认可度就存在更多的顾虑。

> 第一届的学生确实不了解联合培养项目的特点，让 A 大学的学生去读 J 研究院的学位，学生一开始不愿意去。尤其是刚开始讨

论毕业证要盖双方单位的公章，学生就顾虑将来就业的时候用人单位会不会认为是非正规渠道毕业的，所以后来我们就坚持毕业证由双方各自发放（L-D-X01-131224）。

学生怕变成联合培养之后将来影响找工作，这些改革措施说起来都很美，但实际上学生属于弱势的一方，有很多顾虑，担心变成联合培养之后，可能反而会限制将来的就业和发展（L-D-X02-131226）。

第八节 导师和博士生对联合培养的建议

受访导师希望联合培养工作未来能够进一步加大政策支持力度并保持长期稳定，此外还需要加强成本分担、团队交流、激励约束等相关机制的建设（见表3-8）。

表3-8 导师对联合培养未来发展的建议

主题类别（出现的频率）		开放式代码（出现的频次）
主题类别1：高校导师对联合培养未来发展的建议	子类别1：加大支持力度并保持政策长期稳定（80%）	保持政策长期稳定（2） 增加招生名额（2）
	子类别2：建立和完善相关机制（20%）	建立成本分担机制（1）
主题类别2：工程院所导师对联合培养未来发展的建议	子类别1：建立和完善相关机制（61.5%）	建立双方导师团队的交流机制（7） 建立对导师的约束和激励机制（4） 建立实验室轮转机制（4） 建立异地联合培养的保障机制（1）
	子类别2：加大支持力度并保持政策长期稳定（34.6%）	增加招生名额（5） 加大招生宣传力度（2） 保持政策长期稳定（2）
	子类别3：加强联合培养的项目平台建设（3.8%）	结合联合培养申请合作科研项目（1）

数据来源：笔者根据参与联合培养的3位高校导师和10位工程院所导师访谈稿，利用Excel编码计算所得。

首先，导师们认为教育是一项长期事业，只有经过较长时间段的考察并形成足够的培养规模，才能科学地判断出联合培养作为一种人才模式的优越性，因此希望继续加强对联合培养项目的支持力度，并保持政策长期稳定。

希望能够增加名额和宣传力度，有些关系一旦定下来，就将其从国家层面上以某个形式固定，不要总是在变（L-D-S06-140109）。

希望把联合培养当作一件纳入轨道的工作，一种正常的培养方式（L-D-S09-140520）。

有两位受访导师都提及希望通过进一步推进联合培养项目，例如增加招生名额、扩大培养规模，来探索我国研究生教育体制的改革问题，改变当前体制分割、培养资源割据、各自为政和合作不畅的状态。其中一位高校导师将我国的研究生教育体系与西方进行对比，认为由一方单独具备研究生学位授予资格可在制度上更好地促进高校和研究机构形成博士生培养深度合作的动力基础，而联合培养有助于推动我国的研究生教育体制向这一方向转型。近年来，在国家大力提倡协同创新的大背景下，高校和工程院所联合培养博士生的招生名额呈现持续增长的态势，而工程院所独立的博士生招生名额长期维持稳定，联合培养在工程院所博士生培养中所占比例不断增加，有的甚至已经超过60%（见表3-9），照此趋势，未来联合培养很可能会成为工程院所博士生培养的主流模式。另一位工程院所导师从切实需求出发，迫切希望扩大工程院所博士生的规模，与目前"不扩规模，不断香火"的状态相比，学位具体由哪一类单位授予并非首要问题，可以学习国外经验由高校单独授予学位，而在培养中如何实现切实合作才是关键问题所在（L-D-S01-131226、L-D-S07-140117）。虽然二者表达方式有所不同，却殊途同归，反映了通过联合培养对目前我国研究生教育体制进行渐进式改革的期待。

表 3-9 相关工程院所博士生招生情况

单位：个，人

单位	一级学科博士学位授权点	博士生导师数	2017 计划单独招收博士生数	2017 计划招收联合培养博士生数
F 研究总院	2	34	28	8
G 研究院	5	209	111	82
H 研究总院	2	58	35	15
I 研究院	2	83	28	11
J 研究院	2	65	30	24 *
K 研究院	1	27	5	8 *
L 研究总院	1	40	16	20

说明：加 * 的两家工程院所的联合培养博士生的招生从合作高校的优秀生源中选拔，其他工程院所自行进行联合培养博士生的招生。

资料来源：根据 7 家单位官方网站整理。

导师们还重点强调了未来进一步建立和完善联合培养各项相关机制的重要性。高校导师希望能够建立合理的联合培养成本和责任分担机制，这主要是由于联合培养博士生将授予高校学位，高校要对培养质量和毕业流程进行把关，作为人才培养基地，高校相应承担了更多的管理责任和培养义务，高校导师对随之而来的压力感受更深。工程院所导师对通过优势互补加强博士生合作培养的期待更加强烈，因此希望建立机制推动双方导师团队的定期交流，对导师之间的责任义务进行约束和激励，对异地联合培养进行切实保障等。

第一，希望在招生环节双方能共同参与；第二，学生要参加双方的 seminar（组会——笔者注），导师经过协商可以定期开展联合 seminar，加强双方团队的交流；第三，对培养过程中双方导师必须共同参与的关键环节提出明确的要求，比如选题、中期考核、答辩等；第四，最好能够结合联合培养项目双方共同申请一些纵向的课题作为博士生培养的平台（L-D-S08-140117）。

希望今后能有一些对导师的考核或者激励机制，例如对于导师之间如何更好地进行交流、合作培养和为学生提供支持的指导性意见，为导师在培养过程中提供参考和依据（L-D-S05-140109）。

博士生则强烈希望未来能够加强联合培养的合作项目平台建设，以此解决联合培养无法落到实处、第二导师作用难以发挥、培养效率低、复合性评价标准难以达成等问题。博士生还希望今后能加强双方的交流并通过交流更好地发挥联合培养的作用，包括师生之间、博士生之间以及异地联合培养双方之间的交流等。依托合作项目进行联合培养虽然更为合理，但是导师们反映实现难度大，可遇不可求，加强双方交流是既容易实现，也更容易收到成效的方法，因此从加强交流开始，进而努力促成双方的科研合作也是一条比较现实的路径。

此外，博士生还提出了希望加强各单位联合培养制度的建设；针对联合培养的特色，建立更加灵活的评价标准，不拘泥于论文，而是以发表论文和专利等多种形式作为评价依据；进一步拓展联合培养合作对象范围等建议（见表 3-10）。

表 3-10　博士生对联合培养未来发展的建议

主题类别（出现的频率）		开放式代码（出现的频次）
主题类别：博士生对联合培养未来发展的建议	子类别 1：加强联合培养的项目平台建设（35.3%）	依托合作项目进行联合培养（6）
	子类别 2：建立和完善相关机制（23.5%）	发表文章署名的要求更加灵活（2） 开展调研并不断完善联合培养的制度（1） 设立联合培养专职秘书（1）
主题类别：博士生对联合培养未来发展的建议	子类别 3：加强双方导师和团队之间的交流（17.6%）	加强双方的交流（2） 在高校指定一个负责联络沟通的老师（1）
	子类别 4：建立灵活多样的评价机制（17.6%）	建立灵活多样的联合培养评价机制（2） 适当降低联合培养的理论创新要求（1）
	子类别 5：加大政策支持力度并保持政策长期稳定（5.9%）	进一步拓展联合培养的单位类型和方式（1）

数据来源：笔者根据参与联合培养的 10 位工科博士生访谈稿，利用 Excel 编码计算所得。

第九节 小结

受访的导师和博士生总体上对联合培养博士生项目的意义和联合培养模式取得的试点效果进行了积极的评价，认为效果集中地体现在培养主体的多元化上，并由此实现了工科博士生培养过程中的优势互补；通过高校和工程院所之间的学分互认，构建了科学与技术相结合的课程体系；通过双方导师的分工合作，形成了理论与实践相结合的导师团队；通过支持博士生参与到双方的科研项目中或依托导师之间的合作项目作为联合培养博士生的依托平台，实现了基础与应用相结合的科研训练方式；通过双重学籍的身份设定和导师的共同支持，博士生可以综合利用高校和工程院所的学术资源与设备经费等资源。

因此，联合培养这种新型培养模式使工科博士生的培养目标更加多样化，拓展了向工程院所、行业企业和国家重点单位输送优质人才的渠道，博士生的知识和能力培养更加全面，特别是可迁移能力和就业适应能力得到提升。培养目标的多元化使得联合培养博士生的评价标准也相应呈现出复合性特征，博士生需要同时满足高校和工程院所的毕业要求，既要达到较高的理论水平，同时也要具备从事应用研究和工程实践的相应能力。评价标准的复合性特征在从事工程院所应用项目研究的联合培养博士生以及依托双方导师的合作项目开展科研工作和写作学位论文的博士生身上表现得尤为突出。与导师相比，博士生对由评价标准的复合性特征带来的困难和压力感受更深，因为评价标准的改变会直接影响到博士生的培养过程和修业年限。

相比于博士生，导师更加注重联合培养在促进双方科研交流和合作上的深层次效果，特别是高校导师。工程院所导师的关注点则更集中于联合培养在提升博士生培养质量上的效果。这与高校和工程院所的使命、定位和在教育资源上的优势差异有关。工程院所的主要目标是进行应用研究和生产转化而非人才培养，在博士生培养资源上存在着先天的不足，因此更加期待通过联合培养提升博士生的培养质量。高校导师则将关注重点更多地放在了科研合作上。此外，导师们还认为通过联合培养增加了双方单位的博士生招生名额，在培养单位招生名额普遍紧张的情况下，这也是参与联合培养项目收获的一项实际效果。

经过数年试点，联合培养项目的品牌效应逐渐显现，相关制度已初步建立并在不断进行完善。多数导师认为虽然目前联合培养取得了初步成果，但在政策执行时间较短、博士生规模小的情况下，很难准确判断联合培养作为一种培养模式的确切效果。要想排除个体差异的影响，找出其中的规律性因素，就需要经过较长时间段的检验，对大规模联合培养博士生群体进行综合考察，因此，导师们希望联合培养这种新型培养模式能够持续稳定地发展下去并不断扩大规模。

导师和博士生群体都分析了目前联合培养过程中存在的一些具有共性的问题，这些问题影响了合作效果的发挥。高校导师认为作为一项新生事物，联合培养的管理制度尚不完善是最为突出的问题，集中体现在双方责任分担机制的不明确。由于联合培养博士生要授予高校学位，高校负责对培养质量进行最终把关，结合自身的人才培养基地定位，高校相应承担了更多的管理责任和培养义务，高校导师感受到了随之而来的压力和困难。工程院所导师认为目前最大的问题在于联合培养没有落到实处，例如第二导师作用没有充分发挥，双方的培养脱节，导师间研究方向差距不当，缺少合作项目作为联合培养的支撑平台，对导师的约束和激励机制尚未建立等。

从部分导师和博士生的访谈也反映出，作为国家自上而下推动的项目，联合培养与自发需求之间存在一定的差距，社会认可度仍有待提高，学生对参与联合培养顾虑较多，影响了项目长期发展的动力。

博士生们认为最大问题在于联合培养没有落到实处，特别是缺乏导师之间的合作项目作为依托平台，博士生满足双方的毕业要求和复合性评价标准难度很大，突出体现在做工程院所应用型项目研究的博士生身上。博士生还集中反映了目前管理制度尚不完善，在双方单位和多个部门之间进行沟通协调的工作量较大等问题。

受访导师希望联合培养工作未来能够进一步加大政策支持力度并保持长期稳定，加强成本分担、团队交流、激励约束等相关机制的建设。相对而言，博士生则更加强烈地希望未来能够加强联合培养的合作项目平台建设。

作为受教育者，博士生有着与教育管理者和导师不同的出发点和立场，因此在探讨博士生培养模式、评价任何一项涉及博士生培养的改革项目时，都不能忽视博士生群体的切身感受，要考虑他们对培养模式最关切的是什么，最需要的是什么，感受到的最大压力来源是什么。

在研究对象中，有6组联合培养导师和博士生具有相互对应的师生关系。面对相同的问题，导师和博士生的回答常存在不小的差异。博士生的关注范围比导师小，集中在培养模式本身，而导师除了关注博士生培养，还注重国家重要行业和单位的需求，所在单位、学科和团队的科研发展情况等。这与师生的年龄、人生阅历、科研经验、知识水平和身份定位的差异都有关系。

博士生首要关切的是毕业，包括与毕业最为相关的博士学位论文、发表文章的要求和科研项目进展情况，对可能给毕业带来困难的因素十分敏感。博士生更看重联合培养能够提供的良好资源条件，对在培养过程中遇到的困难，在知识、能力和就业机会上的收获，双方科研和人才培养的氛围差异等有更直观的感受。

虽然导师普遍表达了对加强双方科研交流的迫切愿望，并希望能通过联合培养进一步开展科研合作，但也有部分导师明确表示，跨单位科研合作存在诸多现实约束和体制障碍，并不容易实现，因此不能单纯从是否有项目合作来判断联合培养项目的成败，而是要看双方是否通过联合培养实现了自己的初衷，促进了科研上的互相了解以及博士生培养上的优势互补。但博士生认为联合培养仅仅达到加强交流的效果仍是远远不够的，他们深切感受到了由于没有合作项目为依托而带来的种种培养过程中的现实困难，因此更加强烈地希望能够加强以合作项目为依托的联合培养平台建设。

第四章
高校和工程院所的资源差异与合作动力

合作动力是影响联合培养效果的重要因素，通过考察导师和博士生参与联合培养项目的期待和动机，可以了解高校和工程院所跨界联合的合作动力和联合培养博士生这一改革项目的意义。是否具备合作动力以及联合培养项目与合作动力的匹配程度决定了导师、博士生对这一改革新探索项目的重视程度和投入力度，进而直接关系到合作效果的发挥。

高校和工程院所拥有的工科博士生培养资源存在着互补性的差异，二者都不具备培养知识和能力更加全面的复合型工科博士生所需的全部资源条件，想要应对知识生产"模式2"和我国经济社会发展对工科博士生培养模式带来的新挑战和新要求，高校和工程院所就势必进行跨界联合开展深度合作，从而改变自身的培养资源短缺现状，实现优势互补和合作共赢。

因此，本章拟在分析联合培养现状的基础上，从资源依赖理论的视角出发，考察高校和工程院所在工科博士生培养资源上的差异，分析导师和博士生参与联合培养的期待，并进一步探讨高校和工程院所的合作动力及其与资源禀赋之间的关系。

第一节　资源禀赋差异

一　组织定位与地位

高校和工程院所的资源差异首先体现在二者组织功能定位的不同。

高校是人才培养的主要基地，特别是参与联合培养的高校集中在"985工程"和"211工程"的高校中，它们是我国培养高层次工程科技人才的重要阵地，其博士生培养比工程院所具有更高的社会知名度和认可度。由于具有人才培养基地定位的优势，高校拥有丰富的生源资源，每年我国绝大部分工科博士生的招生名额都被安排在高校系统内，很多层次较高的高校还通过广泛使用免试推荐、提前攻博等灵活的招生方式进一步提升和优化生源的质量，提前招录了有潜力的优质生源，因此受访的联合培养高校导师都对自身的生源质量充满信心（见表4-1）。

表4-1　高校导师认为高校博士生培养的资源优势与不足

主题类别（出现的频率）		开放式代码（出现的频次）
主题类别1：高校导师认为高校博士生培养的资源优势	子类别1：人才培养基地的定位优势（49.3%）	生源质量好（10） 为国家重点行业和单位输送人才（8） 导师人才培养意识强（6） 弹性学制，个性化培养（5） 招生方式灵活（2） 后勤资源充足（2） 在学科评估中排名高（2） 培养环节规范（1）
	子类别2：环境氛围和团队资源优势（16.4%）	培养氛围宽松自由（5） 科研/学习环境和氛围好（2） 组会制度规范（3） 导师团队制度稳定（1） 体制相对单纯（1）
	子类别3：课程和学术资源丰富（13.7%）	国际化资源丰富（5） 学术资源丰富（讲座、报告、文献资料等）（3） 课程体系规范（2）
	子类别4：导师和基础研究资源优势（12.3%）	基础研究实力强（2） 前沿研究实力强（3） 理论研究实力强/导师理论水平高（4）
	子类别5：项目经费和设备资源丰富（5.5%）	科研项目多（4）
	子类别6：在国家和行业发展中具有重要地位（2.7%）	是具有重要意义的基础学科（2）

续表

主题类别（出现的频率）		开放式代码（出现的频次）
主题类别2：高校导师认为高校博士生培养的资源不足	子类别1：应用研究资源不足（46.2%）	与国家重大需求结合不够紧密（3） 在应用研究上存在不足（3）
	子类别2：生产和实践资源不足（23.1%）	获取生产数据资料难（2） 行业资源不足（1）
	子类别3：生源资源不足（15.4%）	招生名额少（2）
	子类别4：项目经费和设备资源不足（15.4%）	大型设备条件有限（1） 人才培养经费支持不足（1）

数据来源：笔者根据3位参与联合培养的高校工科博士生导师访谈稿，利用Excel编码计算所得。

"中国博士质量分析课题组"通过对全国所有博士生培养单位的抽样调查发现，虽然我国博士生仍以公开招考为主要的录取方式，但是以"985工程"高校为主的高层次大学更倾向于采用灵活的招生方式，通过直博、硕博连读和免试推荐等方式招生的比例达40%以上。[①]

　　不骄傲地说，我们的生源应该是最好的，都是挑最好的同学加入联合培养项目，其中有原来B大学的本科生直接攻读博士生的，也有很大一部分是从其他各个大学，像C大学的第一名到我们这儿读直博的。应该说我们博士生的生源质量在全国是最好的，我们在学科评估中也是排名最高的（L-D-X03-140103）。

　　A大学主要采用提前招生的办法，比如2014年的招生，我们在7月份通过夏令营的方式就完成了90%，到教育部9月底开展免试推荐时，其实我们只是在捡漏了（L-D-X02-131226）。

与之相对，由于组织功能定位和历史原因，工程院所的导师和管理人员普遍反映博士生招生名额十分紧张，导师数量远多于学生数量，招生数量少与知名度较小等因素叠加作用，使工程院所的生源质量不如高

---

① 中国博士质量分析课题组：《中国博士质量报告》，北京大学出版社，2010。

校。因此，工程院所导师认为自身博士生培养的首要资源缺陷就是"招生名额少、知名度小和生源质量差"（见表 4-2），在 10 位受访的联合培养工程院所导师中有 9 位认为存在上述问题。

表 4-2　工程院所导师认为工程院所博士生培养的资源优势与不足

主题类别（出现的频率）		开放式代码（出现的频次）
主题类别 1：工程院所导师认为工程院所博士生培养的资源优势	子类别 1：导师和应用研究资源优势（34.1%）	应用研究实力强/注重工程实践（25） 注重技术创新（2） 关注科技前沿（2） 导师工程实践经验丰富（1） 导师资源充足（1）
	子类别 2：生产和实践资源丰富（29.7%）	在行业企业/单位内就业有优势（16） 实践机会多/能力强（6） 学生实验工作量大（5）
	子类别 3：项目经费和设备资源丰富（20.9%）	科研项目多（13） 大型设备条件好（4） 经费充足（1） 学生津贴待遇高（1）
	子类别 4：环境氛围和团队资源优势（8.8%）	独立的氛围锻炼人（4） 组会制度规范（4）
	子类别 5：具有人才培养意识（3.3%）	对学生负责的态度（3）
	子类别 6：在国家和行业发展中具有重要地位（2.2%）	在行业内具有权威地位（1） 企业的创新主体地位（1）
	子类别 7：基础研究资源优势（1.1%）	基础研究实力也较强（1）
主题类别 2：工程院所导师认为工程院所博士生培养的资源不足	子类别 1：因不具备人才培养基地定位而带来的劣势（52.4%）	招生名额少（19） 社会知名度低（6） 生源质量差（3） 没有博士点（2） 后勤资源紧张（2） 人才培养意识薄弱（1）

续表

主题类别（出现的频率）		开放式代码（出现的频次）
主题类别2：工程院所导师认为工程院所博士生培养的资源不足	子类别2：导师和基础研究资源不足（25.4%）	学生的理论基础薄弱（11） 前沿研究存在不足（3） 对学生论文写作的训练不足（2）
	子类别3：课程和学术资源不足（9.5%）	课程资源不足（5） 学术资源不足（1）
	子类别4：环境氛围和团队资源短缺（7.9%）	学生孤独感强（4） 组会制度不规范（1）
	子类别5：留院就业的比例下降（4.8%）	留院就业比例下降（3）

数据来源：笔者根据10位参与联合培养的工程院所博士生导师访谈稿，利用Excel编码计算所得。

编号为L-D-S10-140625的工程院所导师也谈到，自己所在的H研究总院博士生招生名额多年以来从未实现增长，大部分博士生导师两三年才能招一个博士生，直至2010年开展高校和工程院所联合培养博士生项目后，工程院所的博士生招生数量才有了明显的增加。名额紧张更加剧了部分工程院所内部对博士生导师资格的竞争，甚至对博士生导师招收硕士生有严格的限定。

　　H研究总院的招生名额差不多在1985或1986年就定下来了，这么多年虽然高校一直在扩招，但是我们的规模一直没变，我本人就是第一批进入H研究总院的研究生……因为名额很少，就规定博导不能招硕士，因为硕士生导师太多了。原来H研究总院不算自动化院，大概有博士生名额35个，硕士生名额25个，但是博导就有60多个，硕士导师有七八十个，如果博导再来竞争招硕士，那硕士生导师可能就会3年还轮不上一个学生带了（L-D-S10-140625）。

　　高校生源的选择余地要比我们大，更容易获得优秀的人才。比如我要想战胜某一个高校的老师招收到一个好学生，那我的高度和水平要是对方的两倍，学生才能知道我是谁。我们最大的问题就是招生的指标很少。第二个就是生源选择余地比较窄，所以这就是联合培养最大的优势（L-D-S04-140109）。

高校还普遍实行了弹性学制和个性化的培养方式，博士生培养模式系统，培养环节规范。高校人才培养基地的定位使高校导师也具备较强的人才培养意识，能够从有利于博士生成长成才和向国家重点行业、企业和单位输送人才的高度来看待工科博士生培养模式的改革探索。工程院所的博士生培养是其科研工作的副产品，因此，高校和工程院所的受访导师都反映，工程院所的博士生培养模式系统性和规范性不足，人才培养的氛围和意识相对比较淡薄（见表4-2、表4-3）。

表4-3　高校导师认为工程院所博士生培养的资源优势与不足

主题类别（出现的频率）		开放式代码（出现的频次）
主题类别1：高校导师认为工程院所博士生培养的资源优势	子类别1：在国家和行业发展中的重要地位（41.7%）	规模大，基础好（9） 在国家战略发展中具有重要地位（9） 在行业内具有权威地位（2）
	子类别2：生产和实践资源丰富（22.9%）	在行业企业/单位内就业有优势（7） 获得生产数据资料方便（2） 实践机会多（2）
	子类别3：导师和应用研究资源优势（20.8%）	应用研究实力强/注重工程实践（5） 导师是应用领域的权威（3） 导师数量多，水平高（2）
	子类别4：项目经费和设备资源丰富（14.6%）	科研项目和经费制度灵活（5） 培养经费充足（1） 设备条件好（1）

续表

主题类别（出现的频率）		开放式代码（出现的频次）
主题类别 2：高校导师认为工程院所博士生培养的资源不足	子类别 1：因不具备人才培养基地定位而带来的劣势（41.4%）	人才培养意识薄弱（4） 生源质量差（2） 社会知名度低（2） 招生名额少（1） 招生制度不灵活（1） 后勤资源紧张（1） 培养环节不规范（1）
	子类别 2：环境氛围和团队资源不足（31.0%）	企业体制复杂（留院就业影响因素多）（5） 培养氛围不够宽松（博士生培养如同上班）（4）
	子类别 3：导师和基础研究资源不足（20.7%）	前沿研究存在不足（4） 理论研究和基础研究存在不足（2）
	子类别 4：课程和学术资源不足（6.9%）	课程体系不规范（2）

数据来源：笔者根据 3 位参与联合培养的高校工科博士生导师访谈稿，利用 Excel 编码计算所得。

研究所招一个人要体现价值，培养博士生以完成项目为第一位。但是在高校里，还是把培养人放在第一位。我跟同学们也讲得很清楚，做项目只是一个手段，目的是通过项目培养了什么技能，达到了什么层次，所以双方的关注点还是很不一样的（L-D-X03-140103）。

感觉高校更看重学生一点，培养学生更系统，工程院所博士生主要是跟着项目走，更多是为了项目，毕竟企业的主要目的不是为了培养人（L-S-S02-131227）。

I 研究院的博士生很少有开题环节，他们就不是很在乎这个环节，自己的导师说了算，可能是在做项目期间汇报一次就算是开题了，没有大学那种很正式的开题环节，但是在 B 大学要想开题至少差不多已经做好一半了（L-S-S04-140117）。

工程院所在组织功能定位上也具有自身独特的优势。工程院所承担了大量具有重大意义的大型科研项目，在国家经济发展、国防建设和产业创新等领域具有重要地位。参与联合培养的高校导师对工程院所的重要地位和作用有一致的认识，并由此对与工程院所跨界合作进行联合培养的意义有着高度的评价，希望能够通过改革试点项目为国家重要事业的发展和经济建设培养优质人才。参加联合培养项目的工程院所还具有科研历史长、科研传统丰富、积淀深厚、单位规模较大、科研人员整体水平较高等优势（见表4-3）。

具有高层次人才培养基地定位优势的高水平大学与在国家经济社会发展和国防建设等领域具有重要地位的工程院所跨界合作进行博士生的联合培养，从一个侧面反映出联合培养模式在高层次创新型工程科技人才培养上所具有的重要探索意义，以及教育部在2010年推行联合培养博士生项目时所强调的"强强联合"宗旨。

> 我们联合培养的合作方 G 研究院是共和国的脊梁。G 研究院承担了国家原子能高新技术的研发工作，也培养了一批高水平的人才，是一个规模很大的单位，有 8 千多名科研人员（L-D-X02-131226）。

> H 研究总院是我们国家进行钢铁研究顶级和权威的机构。新中国成立之后有一段时间的经济发展以钢铁为首要支撑，国家为了促进钢铁产业的发展，建立了 H 研究总院（L-D-X03-140103）。

二 导师和研究资源

由于高校和工程院所在知识生产分工中的差异，高校偏重于基础研究和前沿研究，工程院所更加注重应用研究和生产实践，高校和工程院所作为参与联合培养的主体分别具有独特的导师和研究资源优势。高校具备优秀的理论型导师和基础研究资源，工程院所具备丰富的实践型导师和应用研究资源，二者形成了导师和研究资源上的互补关系。

受访导师认为高校拥有巨大的基础研究资源优势，学科基础扎实，理论积淀深厚，前沿探索活跃，科研思维更具逻辑性，因此，能够培养出学生扎实的知识基础和较高的理论水平。工程院所导师还注意到了高校在训练博士生论文写作和逻辑思维能力上的优势，因此希望通过联合培养加强工程院所博士生的理论水平和论文写作能力，提升展示成果的能力和发表文章的层次和水平（见表 4-4）。工程院所在应用研究资源上则更占优势，应用研究实力较强，注重技术创新，科研工作贴近工程实践，成果具有明确的市场和价值导向。也有部分受访工程院所导师认为，虽然工程院所是以应用研究为主业，但也在从事部分与市场结合紧密的科技前沿探索工作，有一部分具有较高理论水平的导师。

表 4-4　工程院所导师认为高校博士生培养的资源优势与不足

主题类别（出现的频率）		开放式代码（出现的频次）
主题类别 1：工程院所导师认为高校博士生培养的资源优势	子类别 1：课程和学术资源丰富（33.7%）	课程资源丰富（14） 学术资源丰富（讲座、报告、文献资料等）(9) 学科多样化（4） 课程体系规范（3） 国际化资源丰富（2）
	子类别 2：导师和基础研究资源优势（28.4%）	导师理论水平高（15） 基础研究实力强（7） 导师教学能力强（3） 前沿研究实力强（2）
	子类别 3：人才培养基地的定位优势（21.1%）	社会知名度高（7） 生源质量好（7） 后勤资源充足（2） 招生名额多（2） 培养环节规范（1） 培养成本低（1）
	子类别 4：环境氛围和团队资源优势（14.7%）	组会制度规范（6） 科研/学习环境和氛围好（6） 导师团队制度稳定（1） 学风严谨（1）
	子类别 5：项目经费和设备资源丰富（2.1%）	科研项目多（1） 小型高精尖实验设备条件好（1）

续表

主题类别（出现的频率）		开放式代码（出现的频次）
主题类别 2：工程院所导师认为高校博士生培养的资源不足	子类别 1：应用研究资源不足（52.6%）	应用研究存在不足（10）
	子类别 2：项目经费和设备资源不足（31.6%）	项目比工程院所少（5） 大型设备条件有限（1）
	子类别 3：生源资源不足（15.8%）	招生名额少（2） 生源质量和报考人数也在下降（1）

数据来源：笔者根据 10 位参与联合培养的工程院所博士生导师访谈稿，利用 Excel 编码计算所得。

基础研究是高校的强项，但应用研究就相对存在欠缺（L－D－S05－140109）。

学校的风气在于逻辑思维严谨，它能培养学生严谨的学风、逻辑思维和文字叙述的能力，对学生的培养有好处（L－D－S06－140109）。

我们院的先天优势就是直接面对实际的问题，高校有自己的优势，但最主要的缺陷就在于学生甚至都不知道自己做的研究可能会有什么价值。我们院的好处就在于可以直接告诉学生，这项研究如果能做好可能会提供什么样的科学价值和工程价值（L－D－S02－140108）。

体现在科研项目的类型和来源上，高校以纵向项目为主，工程院所则承担了更多的横向项目。科研项目作为工科博士生培养的重要支撑平台，项目的特点在很大程度上决定了工科博士生培养模式的特色。纵向项目通常在国家科技进步和经济、技术、国防事业发展中具有重要的战略意义，呈现出科技含量高、基础性和前沿性强的特点。因此，纵向项目通常也比较适合与博士生的培养相结合。高校博士生的培养主要依托于纵向项目平台，使高校工科博士生的培养具有较高的理论起点。

横向项目通常在基础性和前沿性上比不上纵向项目，但由于设立项

目的目的是解决企业和社会的实际问题，因此往往更加贴近社会需求和
工程实践。虽然横向项目很难成为工科博士学位生论文选题主要的依托
平台，但对于提高博士生解决工程实践问题的能力，拓宽工科博士生就
业范围，使工科博士生的培养更贴近社会现实来说，是十分有益的支
撑。工程院所的博士生接触到更多的横向项目，依托横向项目完成博士
学位论文的比例也相对更高，这使得工程院所博士生的科研工作和博士
学位论文具有与生产实际和工程应用紧密结合的优势，但也相应呈现出
理论深度不足、创新性不够的缺点。因此，在工程院所从事科研项目研
究的联合培养博士生认为，满足高校对博士学位论文的理论深度和发表
文章的科学性要求存在困难。

> 高校更注重对理论的研究，科研院所可能更注重有经济产出的
> 应用研究，二者还是有很大区别的。这也和申请项目的类型有关
> 系，高校主要申请的是科技支撑或者是国家自然科学基金这种比较
> 强调原理性的项目，科研院所申请较多的是应用型的项目，在工程
> 项目上实现理论创新还是很难的（L-S-S04-140117）。
>
> A大学也有些项目是应用性较强的，但是大部分老师以基础研
> 究为主，因此科学价值很高（L-D-S02-140108）。

当然，横向项目并非一定不能成为工科博士生培养的主要依托平
台，也有一些重大的横向项目既具有较高的科学性也具有强大的实践基
础。不管纵向项目还是横向项目，将博士生的培养和高水平的科研项目
相结合，是保障博士生培养质量的一个关键。此外，当依托应用研究项
目或者横向课题开展博士学位论文研究工作时，需要导师在提炼研究问
题和把握研究方向上为博士生提供更多的支持和指导，而在理论水平、
论文写作技巧和人才培养意识上，工程院所的导师存在着明显的不足，
导师与项目特点相叠加，成为制约工程院所工科博士生培养质量的重要
因素。

这些年在国内大型水利工程建设中确实遇到不少难题，用传统的成熟方法不能解决，需要进行研究开发。这几年我做了四五座国内在建的300米级高坝项目，这些高坝主要的分析任务都在我们院，项目比高校多。在做这些工作的时候，体现出过去没有认识到和没能解决的问题，由此会产生新认识和新方法，博士学位论文主要是和这一类重大工程项目结合（L-D-S08-140117）。

博士生对双方导师资源的优势差异有更加直观的感受。在受访的联合培养博士生看来，高校具有理论型导师的资源优势，导师理论水平高，紧跟国际前沿，能够给自己带来创新思维的启发和对学科理论的深刻领悟（见表4-5）。工程院所具有实践型导师的资源优势，导师均为有着丰富实践经验的教授级高级工程师，常年从事应用研究和生产研发工作，可以为博士生的科研工作提供更明确的现实指导，避免"闭门造车"和"纸上谈兵"的问题，从而拓宽视野并深受启发。此外，工程院所博士生规模较小，与博士生相比，导师数量众多，生师比较低，导师资源相对充足（见表4-6）。

表4-5　博士生认为高校博士生培养的资源优势与不足

主题类别（出现的频率）		开放式代码（出现的频次）
主题类别1：博士生认为高校博士生培养的资源优势	子类别1：导师和基础研究资源优势（45.9%）	导师理论水平高（12） 博士生创新和写作能力强（11） 基础研究实力强（5） 前沿研究实力强（4） 研究有延续性（2）
	子类别2：环境氛围和团队资源优势（23.0%）	培养氛围宽松自由（8） 导师团队制度稳定（5） 学习环境和氛围好（3） 体制相对单纯（1）

续表

主题类别（出现的频率）		开放式代码（出现的频次）
主题类别1：博士生认为高校博士生培养的资源优势	子类别3：课程和学术资源丰富（20.3%）	课程资源丰富（7） 学术资源丰富（讲座、报告、文献资料等）（6） 课程体系规范（2）
	子类别4：人才培养基地的定位优势（8.1%）	学生数量多（3） 导师人才培养意识强（2） 培养环节规范（1）
	子类别5：项目经费和设备资源丰富（2.7%）	设备资源丰富（2）
主题类别2：博士生认为高校博士生培养的资源不足	子类别1：导师和应用研究资源短缺（71.4%）	应用研究存在不足/远离实践和生产（14） 部分高校导师资源不足/生师比高（1）
	子类别2：生产和实践资源不足（23.8%）	实践机会少（4） 行业资源不足（1）
	子类别3：大型设备资源不足（4.8%）	大型设备条件有限（1）

数据来源：笔者根据参与联合培养的10位工科博士生访谈稿，利用Excel编码计算所得。

表4-6 博士生认为工程院所博士生培养的资源优势与不足

主题类别（出现的频率）		开放式代码（出现的频次）
主题类别1：博士生认为工程院所博士生培养的资源优势	子类别1：导师和应用研究资源优势（51.7%）	导师工程实践经验丰富（15） 应用研究实力强/注重工程实践（15）
	子类别2：生产和实践资源丰富（34.5%）	实践机会多/能力强（13） 在行业企业/单位内就业有优势（6） 行业资源丰富（1）
	子类别3：项目经费和设备资源丰富（13.8%）	设备条件好（2） 是国家重点实验室（2） 科研项目多（2） 科研项目类型丰富（2）

续表

主题类别（出现的频率）		开放式代码（出现的频次）
主题类别 2：博士生认为工程院所博士生培养的资源不足	子类别 1：导师和基础研究资源不足（52.2%）	基础研究存在不足（27） 前沿研究存在不足（8）
	子类别 2：环境氛围和团队资源不足（22.4%）	任务庞杂辛苦（5） 培养氛围不够宽松自由（4） 学生孤独感强（3） 学习氛围薄弱（2） 企业体制复杂（行政色彩浓）（1）
	子类别 3：课程和学术资源不足（14.9%）	课程资源不足（6） 学术资源不足（4）
	子类别 4：因不具备人才培养基地定位而带来的劣势（10.4%）	博士生规模小（3） 学制弹性不足（2） 培养环节不规范（1） 人才培养意识薄弱（1）

数据来源：笔者根据参与联合培养的 10 位工科博士生访谈稿，利用 Excel 编码计算所得。

联合培养最大的好处就是能给我们提供更宽泛的视角。比如说我经常会对数学或者力学的美感感兴趣，想去追求完美性，做得更加精致一点，但是这在工程上并没有太大意义，因为成本很高不利于推广。工程院所的副导师也会经常对我说，这种研究只能用来发文章，不能用来支持实际工程，他经常强调这一点，我觉得这很好，毕竟土木工程专业要以建设实用为主，闭门造车肯定是不能为这个行业做出贡献的（L-S-X01-140317）。

B 大学的老师注重理论研究，讲的东西很有深度，如果学生仔细琢磨的话，对自己会是一个很好的提高，也就是说，B 大学的师资水平比较高（L-S-S06-140520）。

但高校和工程院所很难同时具备理论和实践两种类型的导师和研究资源。工程院所在应用研究和工程实践上具有资源优势，但在基础研究资源上存在明显的不足，部分转制为企业的工程院所实现资产保值增值和创收的压力较大，这也导致缺乏加大基础研究和研究生教学投入的动力。工程院所的导师虽然实践经验丰富，但是在理论水平、前沿研究和人才培养意识上存在不足。由于导师和项目在理论层次的欠缺，很多工程院所的博士生虽然实验工作量很大，科研工作水平不低，但是认识、提炼、总结和归纳科学问题的能力较差，博士学位论文的创新性和理论深度不足，难以发表高层次的期刊论文，长此以往将影响工程院所和所在行业发展的动力源泉，也会降低工程院所博士生的培养质量。高校导师理论水平较高，具有丰富的基础研究资源，博士生理论基础好，逻辑思维和论文写作能力强，但相应的在应用研究和工程实践能力上存在明显的不足，科研成果的应用价值不明确，转化率较低，科研工作与实际需求存在距离，导师的工程实践经验不足。

在知识分工愈加细化，博士生培养日益专深的背景下，在单一类型的机构内部很难同时兼备基础研究和应用研究、理论型导师与实践型导师的资源优势，高校和工程院所的跨界联合势在必行。

　　动手能力强是 H 研究总院学生的优点，但也是缺点。因为导师先天不足，我们学生实验的工作量非常大，但是高校学生提炼、总结、归纳、提升的水平要更高，这也反映出高校学生的理论基础比较好（L-D-S05-140109）。

　　我们的学生把大量精力放在提高产品性能上了，没时间写文章。即使是在有时间的情况下，可能写的也不如高校学生好，因为没有受过相关训练，我们老师也没有时间进行训练（L-D-S06-140109）。

　　研究院所项目多，研究工作跟实际生产很接近，现实针对性更强，跟工厂合作的项目多，锻炼的机会也就比较多。我在和 C 大学的导师和学生交流时，感触比较深的一点是，他们对生产实际了解得少，单纯针对自己的课题做研究，目标不清。我们更注重针对工程实际的研究，做的东西最终目的要能用得上，比如一些研究数据需要到专门的机构检测并提供盖章的检验资质报告，保证以后有据可查，但是在有些高校的项目里就没有这些要求，可能自己在实验室里测一下数据就可以了（L-S-S01-131227）。

三　课程学术资源和生产实践资源

高校拥有系统的课程体系和丰富的学术资源优势，这也是受访师生公认的工程院所在博士生培养资源上的明显不足，而工程院所在生产实践上的资源优势则是高校不具备的。

课程对打牢博士生相关学科的知识基础、学习研究方法、锻炼科研思维能力以及今后开展科研工作都有着重要的意义。高校拥有丰富的课程资源，形成了规范的课程体系。课程体系的建设不是一日之功，需要长期的积淀，还要有足够数量的能够承担教学任务的老师，课程还体现了教师对相关理论体系的掌控和驾驭能力，高校在课程体系上的优势是高校人才培养基地的定位和基础研究的优势相结合的一种体现。

工程院所导师的主要精力放在完成科研任务上，没有精力从事课程体系建设。大量工程院所在转制为国有科技企业后，还担负着国有资产保值增值的重任，教学工作不直接产生经济效益，在研究生规模偏小的情况下，为一年仅有的几个博士生准备大量课程，是既不经济又低效的。工程院所的导师也普遍承认自身在课程资源上的不足，很多工程院所与临近的高校之间达成了长期的课程合作协议，借助高校的课程资源来进行博士生培养。

工程院所在课程设置上普遍比较随意，也很难有一个完整的课程体系。可能导师水平很高，研究工作很有意思，但是课程体系的建立并不是导师能做好科研就可以的，还需要长期的积累（L-D-X02-131226）。

我们院的老师不讲课，只带学生做科研，师资比较薄弱，所以博士生的课基本都是在 B 大学选修，和 B 大学之间建立了课程合作协议（L-D-S07-140117）。

对于从事跨学科研究的工程院所的导师和博士生来说，他们还十分看重高校所具有的多学科平台资源优势，相比之下，工程院所往往学科相对单一。此外，高校拥有丰富的学术资源，例如图书馆馆藏、文献数据库、讲座和学术会议、国际交流机会等（见表4-4）。工程院所的导师认为高校丰富的学术资源，特别是高层次的讲座等学术交流平台，对开拓博士生的眼界、提升博士生的科研思维能力和认识水平、加强未来对科学问题的把握能力等都十分有益。

第一导师在工程院所的博士生体会到高校的数据库资源为博士生开展科研工作和撰写论文提供了便利。数据库资源是阅读文献、了解相关研究前沿的重要手段，高校的网络数据库资源数量多、种类丰富，特别是外文期刊多，还可以在校外远程下载，使用十分方便。工程院所普遍数据库资源有限，外文期刊少，学生阅读和下载文献通常只能去国家图书馆等对公众开放的机构或请在高校的同学帮忙下载，其中的不便可想而知（见表4-5）。

A 大学的学术报告非常多，请的那些学者都具有相当高的高度，博士生常听这些讲座，能够逐渐形成很高的科研起点，将来工作时对研究问题的把握全靠平时这些知识和能力的积累（L-D-S02-140108）。

我招这个学生的时候，研究方向叫作数据管理与信息分析，这是一个交叉学科，所以联合培养就很重要。我自己本人的背景也是比较交叉的，但是觉得自己带学生还是不够，我希望她能够到高校再多接触一些学科的老师。……大学的资源更多，比如能查到更多的资料，还有很多学术交流活动，特别是国际层面的学术交流非常频繁。另外大学里学科多，有很多平台，学生都可以去参与，这都是非常好的资源（L-D-S03-140108）。

联合培养对我来说带来的一个很大的帮助就是学校的数据库资源非常丰富，而且可以在校外远程下载，外文期刊也很多。如果没有 B 大学这个账号的话，下载文献特别麻烦，就必须去比如国家图书馆这种对外开放的地方下载，很耗费时间（L-S-S03-140117）。

工程院所生产实践资源丰富，大部分工程院所有鲜明的行业背景，与行业内的企业有着天然的紧密联系。很多工程院所转制为企业之后设置了生产型的二级公司、中试基地或生产基地，负责将研发成果转化为市场化产品并进行生产制造。工程院所的博士生培养也通过横向项目等方式与企业有着广泛的合作。博士生可以接触到大量的重大工程实践项目，有更多接受实践锻炼和操作大型设备、参与生产项目管理和技术革新的机会。相比高校博士生在发表论文的层次和理论水平上的优势，工程院所的博士生有更强的工程实践能力和解决实际问题的能力，更明确的问题意识和市场价值导向，加上日常与企业接触较多，在行业企业内就业时，呈现出适应力强、受欢迎等明显优势，很多工程院所导师用"上手快"来形容博士生毕业后工作状态转换快的特点。

像我们这种研究院大部分是做项目的，博士生培养跟着课题走，学生一毕业走上社会之后，就知道该怎么做这些和工程结合起来的项目，学生的实战经验比较丰富（L-D-S07-140117）。

我们这儿所有的科研课题全部都是要解决实际问题的，和学校那种可能空对空的课题不一样，这样钢厂就非常欢迎，因为学生去了之后很快就能上手。一般学校的毕业生去的话，大概在半年之内都要熟悉工作，我们的学生到那儿去一个月就可以承担课题了（L-D-S10-140625）。

在部分具有垄断性、保密性和特殊性特征的行业内部，工程院所具有获得生产资料和数据的得天独厚的优势，这也是大学导师愿与工程院所开展合作的现实因素之一，因为没有相关资料数据作为最基本的支撑材料，基础研究也会因为成为"无米之炊"而无法开展。

> 如果不做油田的项目，我们就拿不到油田的资料。所以我们高校也愿意跟行业部门的研究机构合作（L-D-X01-131224）。

一些企业性质的工程院所由于从事的科研工作紧跟市场实际需求，一方面具有很强的前沿性和创新性，科技含量高；另一方面又贴近生产和应用，成果转化率高，产品性能好，因此有很强的市场竞争优势。通过这样的科研训练培养出来的博士生在新兴产业里很受欢迎，几位研究新型材料的工程院所导师都谈到了新兴产业对工程院所培养的人才的渴求。

> 我们做的产品对企业有很大的帮助，都是市场上最前沿的东西，利润也比较高，所以他们企业想方设法来要我们的学生（L-D-S01-131227）。
>
> 最近功能材料发展比较快，特别是磁性材料，这10几年内蒙地区、天津一带，还有长三角、珠三角这些经济发展比较快的地区相关产业的发展都很快，需要大量的技术参与者。有的学生留下做了几年研究，的确积累了很丰富的经验，被公司挖走了，但是也没关系，我们也在源源不断地培育人才（L-D-S05-140109）。

工程院所的博士生培养长期以来具有很强的内部性特征，主要是为了满足本单位及其所在行业对高层次工程科技人才的需求，因此一直以来大部分工程院所培养的博士生毕业后都会留在本单位就业，虽然近些年比例有所下降，但受访的联合培养高校导师仍然认为这是工程院所博士生培养的优势之一。

相反，工程院所导师却认为由于近年来全国工科博士生招生规模的快速增加，高层次科技人才紧缺的情况得到了缓解，工程院所招聘和储备人才的范围拓宽，余地变大，使得近几年工程院所博士生留院就业的比例呈现下降趋势，因此在受访过程中多数工程院所导师并不将留院工作看作其主要优势。本研究访谈的 10 位联合培养工程院所导师分属 4 家单位，留院就业的比例最高的大约有 1/2，其余均为 1/3 左右。虽然留院比例在下降，但是工程院所的博士生在行业领域和广大企业中仍有着很强的就业竞争力。

> 以前研究生只要来到我们院读书都会留下来工作。但是现在可能只有 1/3 不到。还有大概 1/3 到水利系统里的流域管理机构工作，另外 1/3 去企业工作（L-D-S07-140117）。

> 以前博士生很缺，原来我们院有一个优势就是到我们院来的学生，不管是硕士还是博士，只要入了院都是定向生，签了合同想离开还要算违约。但是从 2005 年以后改为双向选择了，原因就是人太多了，现在都扩招了（L-D-S06-140109）。

高校偏重于基础研究，生产实践资源欠缺，与产业界的联系相对不够紧密。因此，博士生普遍反映通过联合培养可以接触到工程院所大量的企业合作项目，科研工作与实际需求结合紧密，博士生锻炼实践能力的机会也比较多，对于毕业后去企业工作十分有利。即使毕业后留在高校做基础研究，博士生在读期间通过与生产实际的广泛接触，对应用意识和实践能力进行培养，也是准确定位科学问题的意义和价值，把握科学研究方向的重要基础。

> 我们十分注重博士生的动手能力，做实验涉及的不只是与实验相关的问题，还包括设备的问题。比如做实验中途设备可能坏了很

多次，每次都在不同的地方，学生都得会修，做完实验，设备的方方面面全都很清楚了。所以相对于大学，去企业工作也算是我们的一个优势。因为企业就要求能干活，能做出东西来，而不是模拟和纸上谈兵。我们的博士去企业工作的还是挺多，因为企业也需要这样的人才（L-S-S07-140624）。

B大学建一个很大的模型就觉得很厉害了，教授也不可能有这么多时间跟着工程项目走，但是工程院所有很好的项目基础，他们可以拿一栋真正的大楼来进行分析，这就是差距。我副导师大工程做得多，视野更开阔，经常会以幽默的方式从他自己的角度对我的研究问题表达一些看法，让我的研究更具有整体性和全面性，我觉得这很重要（L-S-X01-140317）。

四　项目经费和设备资源

高校和工程院所在项目、经费和设备资源上各自具有一定的优势。改革开放后我国的科技管理体制进行了大规模的市场化改革，科技经费从拨款制向项目制转变，并且随着经济发展水平的不断提高，国家对科技的投入不断加大，我国科研项目的数量和资金规模都在不断增长。由于参与联合培养的高校和工程院所在各自的研究领域中都处于较高的层次，因此受访的各位导师都有着相对充足的项目资源。科研项目为工科博士生培养提供了支撑平台，也是获取博士生培养物质条件的重要来源，工程学科的实践性特点决定了工科博士生的培养不可能空对空地谈理论，与工程实践相结合则需要高质量的项目、经费和设备条件作为支持。

2012年，我国共投入研究与试验发展经费10298.4亿元，比上一年增长18.5%，经费投入占国内生产总值的比重是1.98%，与上一年相比，提高了0.14%。另外，项目的种类日益丰富，如表4-7所示，在我国2012年研究与试验发展经费中，企业资金和政府资金在其中占比最多，特别是来自企业的横向项目经费近年来增长最快。[1]

---

[1]　国家统计局、科学技术部：《中国科技统计年鉴2013》，中国统计出版社，2013。

表 4-7　按资金来源分类的研究与试验发展（R&D）经费内部支出

单位：亿元

年份	R&D 经费内部支出	政府资金	企业资金	国外资金	其他资金
2003	1539.6	460.6	925.4	30.0	123.8
2004	1966.3	523.6	1291.3	25.2	126.2
2005	2450.0	645.4	1642.5	22.7	139.4
2006	3003.1	742.1	2073.7	48.4	138.9
2007	3710.2	913.5	2611.0	50.0	135.8
2008	4616.0	1088.9	3311.5	57.2	158.4
2009	5802.1	1358.3	4162.7	78.1	203.0
2010	7062.6	1696.3	5063.1	92.1	211.0
2011	8687.0	1883.0	6420.6	116.2	267.2
2012	10298.4	2221.4	7625.0	100.4	351.6

说明：根据《中国科技统计年鉴 2013》整理。

由于应用研究所需的经费投入比基础研究要大，因此工程院所在科研项目的数量和经费金额上更占优势，并且工程院所博士生数量少，可用于博士生培养的平均项目和经费水平更高。从项目的来源上来看，高校以纵向项目为主，国际合作项目比例较高，工程院所的项目来源更广泛，横向项目资源更丰富。此外，企业性质的工程院所科研经费报批和项目立项制度更为灵活，因此部分联合培养博士生能够在工程院所导师的支持下比较便利地使用工程院所的科研项目和经费资源。

> H 研究总院的学生非常少，但是我们的资源是非常充足的：经费充足、设备充足、导师充足（L-D-S04-140109）。

在设备条件上，高校和工程院所的资源各有千秋。高校在基础研究设备和"高精尖"小型设备上占有一定优势，而工程院所则具有丰富的大型实验设备和中试基地等资源，相互之间形成了较好的补充，可以共同为工科博士生的培养提供良好的设备条件。

高校在高精尖的小型实验室设备上条件不错，经过这么多年国家的投入和建设，条件已经很好了。但是相对大型的实验设备，比如工艺实验仪器等应该是工程院所更具备优势，并且我们还有自己的中试基地，也有和企业的深度合作。因此，H研究总院毕业的硕士生和博士生走上工作岗位都能很快上手。但是大学的研究生毕业后到工厂首先要过熟悉设备仪器这一关，因为毕竟见得少、做得少（L-D-S05-140109）。

工程院所有很好的实验条件，比如有B大学没有的大型震动操作台，可以放一个结构上去摇一摇测试性能，他们的试验场地也很好（L-S-X01-140317）。

五　环境氛围与团队资源

受访导师和博士生都认为高校和工程院所在科研和博士生培养的环境和氛围上存在显著差异，高校的环境氛围和团队资源是其博士生培养的一大优势。

高校科研氛围相对"宽松自由"，适合博士生开展探索性的研究工作，对完成任务目标要求的限定较少，导师之间、师生之间的关系都相对松散。在这种环境和氛围中，导师更关注博士生的学术兴趣，对博士生在科研方向和学位论文题目上的选择权较为尊重，鼓励学生开展探索性的科研工作，注重博士学位论文的基础性和理论性以及博士生创新性思维的培养。高校相对学习氛围更浓厚，博士生有更多时间用于阅读和思考。

我们这边老师做研究的自由度比较大，学生做研究的自由度同样也比较大。不是做一个存储器就必须拿容量多大的样本出来。我们做科学前沿的探索，并不一定能有确切的结果，学生的论文也是一样（L-D-X01-131224）。

工程院所的首要目标是完成重大科研任务和实现国有资产的保值增值，因此科研工作目标明确，时间节点和工作流程相对固定，强调工作效率和节奏。同时，鲜明的市场价值导向和经济评价指标，注重投入和产出、成本和收益之间的比较和平衡，使科研人员的工作强度和压力也相应更大。这种环境和氛围深刻影响了工程院所的博士生培养，博士生自主选择研究方向和学位论文题目的空间较小，要优先考虑与科研任务相结合的论文选题。博士生的学制弹性较小，如同完成科研任务的工作节点一般明确、固定。部分受访博士生表示所在工程院所的博士生在入学3年后基本都会毕业，再加上大量博士生会留在单位内部就业，使得工程院所把博士生当作未来的员工来进行培养和看待，博士生的读博体验与上班工作相似。博士生普遍反映任务强度较大，大部分精力用于完成项目任务，阅读和思考的时间较少，因此在理论水平和发表文章层次上和高校博士生相比存在差距。

> 对方是企业性质的科研单位，与高校相比还是有很多受约束的地方，高校搞学术还是要强调自由，博士生选择研究方向的灵活度比他们大。那边很多毕业留下工作的师兄在项目上没有什么选择权，最近这个项目赶得急就必须做这个项目（L-S-X01-140317）。
>
> B大学特别好的一点是博士生可以自主选择感兴趣的研究方向，老师也很鼓励。但是I研究院比较强调应用，有一些你很感兴趣但是院里觉得没有直接经济价值的方向就不会鼓励你做，而是希望能在兼顾其他项目的基础上再去做（L-S-S04-140117）。

工程院所的导师认为高校学风更为严谨，由于博士生数量较多，"课题组"团队建设更加成熟，博士生学习氛围浓厚，团队内部学术交流的环境更好，学生也相应更有集体归属感。因此，很多受访的工程院所导师都认为高校的团队氛围对博士生的成长有利，希望自己做第一导师指导的博士生能够更加主动地参与到高校第二导师的课题组学术活动中去。

　　课题组是高校科研和人才培养的基层单位。高校的课题组制度更成体系、更完善和规范，课题组内部分工明确、协调有序，即使"大导师"十分繁忙，也有"小导师"或博士后跟进指导博士生的科研工作，还能通过团队内部的交流协作达到取长补短、互相促进的作用。高校课题组有规范的组会制度，组会通常是由一个或几个隶属于相同或相近课题组的老师牵头组织，以课题组内的研究生为主要力量，定期举行的内部学术交流活动。在组会上，除了每个人要谈谈自己近期的科研项目情况和学位论文进展等实际工作之外，更重要的是要进行学术研讨和分享。

　　　　我的学生在 B 大学上课，那边导师的课题组有定期的学术活动，他们叫 seminar，每周都有，这种活动非常好，对培养学生的基础理论非常有利，我要求学生都去参加（L-D-S08-140117）。

　　　　因为我们院有一个特点跟大学不一样，学生没有一个很好的环境。回忆自己的学生时代到底有哪些收获，我觉得固然有老师的影响，但非常重要的是师兄师姐、同学之间这种团队的影响，所以我想把学生送到大学去，也是出于这个考虑，希望她能受到大学良好氛围的熏陶（L-D-S03-140108）。

　　对比之下，工程院所研究生规模较小，难以形成具有一定规模的团队环境和良好的学习气氛，博士生普遍反映处于一种"孤独"的、缺少团队支持的氛围之中，为了完成任务而"孤军奋战"，这种氛围既不利于学生的个人成长，也不利于学术交流。虽然也有 4 位工程院所导师谈到自己也在单位内组织了组会，但是没有高校正规和固定，经常受到出差等工作内容变动的影响，并且组织组会的难度较大，博士生数量少、办公地点分散，博士生大多独立地负责若干科研项目，项目之间差异较大，学术交流和互相支持的难度大，这些都为工程院所组会制度的建立和维持带来困难。编号为 L-S-S01-131227 的联合培养博士生认为，除了规范性之外，工程院所和高校的组会在关注点上也有很大的不同，高校的组会更关心博士生的科研工作进展和学术交流，企业性质的工程院所召开组会的主要目的是布置工作和检查任务完成情况。

> 高校学习的集中度高，学生多而且都在一起学习，学习氛围就更好。科研院所博士生可能更像职工，学习氛围弱一些（L-S-S08-140109）。

工程院所这种"孤独"的培养氛围也有其有利的一面，它能够为博士生带来更多挑战，提供更大的成长空间，锻炼博士生今后适应各式各样工作环境的能力。但这就将培养质量更多地依靠在学生个人的知识和能力基础以及个性特征之上，缺少良好的氛围环境和稳定的团队制度作为支撑，如果导师再忙于科研疏于指导，则很难保证博士生的培养质量。

> 我们这儿课题多，学生少，每一个学生都是独立的一个研究方向，难度要比大学大。当然如果学生自己认真主动点，那么他可能会很强。如果不主动、不认真、自暴自弃，可能会很差。因为没人教他，不可能跟学生似的，上头有人成天指挥他怎么做，我们一周听两次汇报，平时过问一下，但也不可能天天跟在学生后头，因为我们课题还很多（L-D-S06-140109）。

第二节　导师和博士生的参与期待分析

如表4-8所示，受访导师参与联合培养项目的期待主要有以下三个方面。

第一，通过联合培养实现博士生培养过程的优势互补。联合培养模式有利于实现工科博士生课程体系、科研训练、导师指导的多元化，更适用于培养基础研究与应用研究能力兼备、理论水平与实践能力全面的高层次、复合型科技创新人才。

高校导师希望通过与工程院所合作，加强博士生培养与国家科技需求和工程实践的联系。由于工程院所在博士生培养资源上存在着明显的薄弱环节，因此，工程院所的导师更加期待通过合作，借助高校的课程、学术、导师和研究资源，弥补自身在博士生培养的理论水平、基础研究能力、科学思维和写作能力训练上的不足。他们认为，如果能够将高校的上述优势与工程院所在应用研究、重大项目和大型设备上的诸多优势相结合，将有益于工科博士生形成更加全面的知识和能力。

这种联合培养的模式很好，高校以写论文为主，注重基础研究，对学生的基础训练比工程院所强；我们更注重学生的动手能力和科研的市场导向，如果能够真正将双方的优势结合起来，对学生培养是有好处的（L-D-S01-131227）。

有两位受访的工程院所导师原本对联合培养的期待并不高，其中一位想借此机会增加招生名额，另一位只是将博士生送到高校上课。但看到学生参与联合培养的实际效果远超出预期后，这两位导师对联合培养这种新型培养模式的期待值也相应提高。前者希望未来能够加强双方导师和团队之间深度的交流甚至项目合作，后者则认为课程收效颇丰，希望博士生在高校再多上半年课，在科研能力和方法上受到更好的训练。

说实话，刚开始我只是想通过联合培养多招点学生。但实际上这几年参与下来，由衷感觉到高校在博士生培养上有它独特的优势。……我觉得下一步应该做好的工作是双方导师能踏踏实实地坐下来，共同为学生寻找学位论文题目，甚至在科研上进行一些项目合作（L-D-S02-140108）。

表 4-8 博士生导师参与联合培养的期待

主题类别（出现的频率）		开放式代码（出现的频次）
主题类别 1：高校导师的参与期待	子类别 1：科研合作（43.8%）	基础研究与应用研究的优势互补（6） 加强双方的沟通与合作（1）
	子类别 2：人才输送（31.3%）	为国家重点行业和单位输送人才（5）
	子类别 3：人才培养合作（18.8%）	借助对方资源提升博士生培养质量（3）
	子类别 4：增加名额（6.2%）	增加招生名额（1）
主题类别 2：工程院所导师的参与期待	子类别 1：人才培养合作（64.5%）	借助对方资源提升博士生培养质量（24） 优势互补进行博士生培养（16）
	子类别 2：科研合作（16.1%）	加强双方的沟通与合作（10）
	子类别 3：增加名额（11.3%）	增加招生名额（7）
	子类别 4：人才需求（8.1%）	获得优质生源，加强人才储备（5）

数据来源：笔者根据参与联合培养的 3 位高校导师和 10 位工程院所导师访谈稿，利用 Excel 编码计算所得。

第二，通过联合培养促进跨界科研交流与合作。博士生培养具有与科研紧密结合的特点，导师们还希望通过联合培养博士生这一桥梁和纽带，加强双方单位、相关学科和导师的跨界深度交流，加深相互之间的了解，进而促成科研上的合作。

高校导师希望通过联合培养使高校的基础研究能够与国家科技需求、应用转化和生产实践紧密联系。工程院所导师也希望通过联合培养加强和高校导师的科研交流和合作，提升工程院所在前沿探索和理论研究上的水平，从而为工程院所应用研究的发展增添后劲。

这些科研院所都承担着国家的重大任务，这些重大任务就是我们科研的瞄准方向。通过联合培养博士生有可能使得合作双方单位和导师加深交流，特别对高校来说，能找到这个学科在国家需求层面的研究目标（L-D-X02-131226）。

第三，通过联合培养增加招生名额并实现培养目标的多元化。增加名额是导师参与联合培养工作的一个现实动力，特别是工程院所的招生名额普遍十分紧张，导师多、项目多、学生少的现状使其对增加招生名额有着强烈的渴望。名额问题虽然现实，但只是导师参与联合培养最表层的期待，通过联合培养加强科研交流和博士生培养合作才是培养单位和导师参与联合培养的深层期待和最强驱动力。

高校导师希望通过联合培养项目为国家重点行业、企业和单位输送优秀人才，与之相应的是工程院所导师希望通过联合培养招收更加优质的生源、留住更加优秀的人才。因此，高校和工程院所的导师在增加名额上产生了共同的需求，在人才输送和人才需求上形成了相互匹配的关系。

高校争取博士生招生名额是很困难的，科研院所就更加困难了。与我们合作的 G 研究院是一个很大的单位，有 8000 多名研究人员，三四十个院士，但是一年只有 80 多个博士生招生名额，非常紧张。因此说得俗一点儿，名额也是大家很积极地参与联合培养项目的一个实际动力，这是不可否认的。但是从本意上来讲，大家还是希望通过博士生这个纽带，通过联合培养这个桥梁，把两个单位相近学科的科研工作共同带动起来（L-D-X02-131226）。

10 位受访博士生参与联合培养项目的原因各有不同，其中既有博士生个人的因素，也有与改革新探索相伴而来的偶然性因素。他们大多是本来想要读博，但苦于没有招生名额，恰好遇到联合培养项目从而成为一名联合培养博士生，对联合培养的培养目标、培养过程和评价标准等细节知之甚少，甚至有1位是在入学后才知道自己成了一名联合培养博士生。

值得注意的是，其中有2位受访博士生并非单纯为了读博，而是有着明确的参与联合培养项目的动机。他们对联合培养的人才培养目标，及其对行业发展和社会进步的意义有准确的认识，都经由导师推荐或引导，从自己的研究方向、研究旨趣和人生理想出发，认定联合培养是一种较为适合自己的新型培养模式。他们在报名前就主动地进行多方沟通，对联合培养的过程和细节有详细的了解，对可能遇到的困难有合理的预期，因此他们能以积极主动的态度利用培养过程中的各种有利因素，也能够比较正确看待比常人更多的付出。他们对联合培养的感受丰富而真切，也是对联合培养的效果评价最中肯的受访博士生。

有两个原因，首先两个导师之间有合作项目，并且第二导师在我想做的研究方向里是一个在工程界很有名的老师。毕竟土木工程无法脱离实际，不能闭门造车，老是憋在学校里做学术研究而不能投入生产是没有实际意义的。如果能和K研究院合作，就有机会接触到更多实用性项目，因为我搞结构工程抗震研究，这个方向偏工程应用，所以觉得能有这样一个机会非常好（L-S-X01-140317）。

我很早就和双方都有联系了，联合培养第一届启动大会也参加了，周部长也来会上宣布项目的启动，当时我就认为这个项目很好。虽说那时硕士导师出现了工作变动，但是在A大学的学习情况还不错，跟各方面的导师商量交流了自己的想法之后才做出了联合培养的选择。硕士时虽然也是做和石油相关的项目，但是隐隐约约觉得大学的研究跟生产应用有点脱节，就一直在思考读这些年除了拿个文凭还有什么价值？我这个人觉得还是应该学有所用，想干点实事，刚好联合培养对我来说就是久旱逢甘霖，面试之前我就看准了这是件好事，研究方向也适合我（L-S-S09-140603）。

综合来看，高校和工程院所导师参与联合培养的期待形成了对应和互补的关系，从而在科研合作、博士生培养和人才需求与输送 3 个层面都形成了较强的合作动力。

不同类型的组织在知识生产分工和人才培养中的定位决定了它们的资源差异，高校和工程院所都想要突破自身资源的不足，改变资源短缺的现状对组织长远发展和人才培养质量提升的限制，因此，高校和工程院所对开展跨界联合有自发的期待。国家推行的联合培养改革项目由于在政策出台之前对基层单位开展了广泛的调研，因而能够较好地符合双方的合作动力，也正是基于这一点，联合培养才能获得受访参与师生的积极评价并取得一定的成效。

第三节　资源禀赋与合作动力的关系

通过对照可以发现，工程院所导师对通过联合培养弥补自身博士生培养资源不足，促进博士生的合作培养和增加招生名额的需求比高校导师强烈得多，而高校导师更强调对双方深度科研合作的期待。

这与二者的组织功能定位差异以及在教育资源上的不均衡地位有关。虽然工程院所具有独具特色的博士生培养资源优势，但在绝大多数国家，高校才是人才培养的主要机构，甚至在很多发达国家，科研机构不具备博士学位授予权，因此在与高校进行人才培养合作时，工程院所在最基本的"人才"资源上处于劣势地位。国家教育主管部门不将其作为人才培养的主要机构，工程院所的招生名额和博士点授权审批受到了更多的行政管控。另外，工程院所在与博士生培养息息相关的课程资源、后勤资源等方面也存在先天不足。但受访者所属的工程院所作为行业内的大型综合研发机构或企业集团，有着巨大的人才需求，对增加招生名额更加期待，对与"人才"相关的高校资源十分渴求，在合作过程中更加主动。因此，并不能说工程院所导师不太重视通过联合培养加强与高校导师的科研合作，而是说明与科研合作相比，他们对弥补博士生培养现存资源不足的渴望更加强烈。从高校导师对自身生源质量和课程体系的自信以及严格把控高校学位标准的责任意识上也可以看出，高校在博士生培养上有更高的地位和相应的资源优势，因此与工程院所导师相比，高校导师将更多的注意力放在了科研合作的期待上。与双方在教育资源上的不均衡地位不同，高校和工程院所的科研资源分布更加均衡，因此双方在科研合作的地位上相应更加平等。

联合培养项目定位于"强强联合"的层次，近年来我国高水平大学和大型工程院所的科研项目和经费资源普遍较为丰富。受访高校工科博士生导师的项目都比较多，科研经费充足，但博士生招生名额却并不十分充裕。虽然大学比工程院所名额要多，但以受访导师相对集中的 A 大学和 B 大学这两所国内的顶尖大学为例，受访导师普遍反映近年来导师队伍增速较快，大学内部出于保障博士生培养质量的目的，对各院系的招生规模控制得都比较严。在地位稳定、项目丰富、经费充足、名额有限的情况下，虽然有些高校导师由于科研项目合作等个人原因与工程院所的导师开展了博士生培养的私下合作，但高水平大学由于人才培养资源禀赋条件较好，作为一个组织在整体上缺乏和其他机构开展博士生培养跨界合作的强烈动力和紧迫感。国家推行的联合培养项目正当其时，既符合了基层单位和导师优势互补的合作期待，又解决了双方合作动力和地位不匹配的问题。

第四节　小结

高校和工程院所的工科博士生培养资源禀赋存在差异。高校拥有高层次人才培养基地的定位优势、丰富的理论型导师和基础研究资源、课程与学术资源；参与联合培养的工程院所均在国家发展、经济建设等领域具有重要的地位，拥有实践经验丰富的导师队伍以及应用研究和生产实践资源。双方在项目、经费、设备和人才培养的环境氛围等资源条件上也各具特色。因此，受访导师希望通过联合培养促进博士生培养的优势互补，在科研上的交流与合作，增加招生名额并实现人才需求与输送的匹配。双方在资源禀赋上的差异对合作中的地位和参与合作的动力也产生了重要的影响。

第五章
高校和工程院所跨界联合的协同机制

教育部和中国工程院共同推动的高校和工程院所联合培养博士生项目是对我国工科博士生的培养模式进行改革的一种新探索。通过对导师和博士生的访谈材料进行分析可以发现，联合培养项目经过数年的试点运行，已积累了较为丰富的经验，初步形成了具有特色的人才培养模式和机制，形成了一定的品牌效应，部分实现了我国工科博士生培养目标、培养主体、培养过程和评价标准的多元化和复合性。但目前在项目运行中仍存在一些具有共性的问题，影响了改革效果的充分发挥。因此，本章拟在分析联合培养项目现状与存在问题的基础上，从协同理论的视角出发，通过将国家推行的改革项目与"私下合作"对比，考察高校和工程院所跨界联合的协同基础，分析二者的协同框架，并进一步构建高校和工程院所跨界联合的协同机制。

第一节 联合培养的协同基础

调研中发现，在国家相关部门 2010 年开始推行高校和工程院所联合培养博士生试点之前，高校和科研机构及其导师之间自发开展的研究生培养"私下合作"已有多年历史。此处所谓"私下合作"，是与国家主导行为相对而言，指的是没有正式获得国家主管部门的认可，导师个人或单位之间出于一定的需要，在博士生培养上进行合作的培养模式，其中又可以分为导师私人之间的合作、单位之间的课程合作和单位之间的协议合作三种主要合作方式。

受访的 10 位参与国家推行的联合培养项目的工程院所导师，分属于 4 家工程院所，其中有 2 位进行过导师私人之间的博士生培养合作（L-D-S01-131227 和 L-D-S07-140117）；4 家工程院所都由于自身课程资源的不足而与其他高校形成了长期的课程合作；H 研究总院还与一家西南地区的高校（以下简称 M 理工）签订了单位之间的研究生合作培养协议，有计划、成规模地将高校的研究生在课程结束后送到北京参与该工程院所的项目研究。这是一种相对成熟、全面的单位间协议合作方式。本节将重点介绍一位编号为 L-D-S10-140625 的工程院所导师案例，这位导师即为上述 H 研究总院和 M 理工研究生培养协议合作项目的负责人。下面，将通过在国家推行的联合培养与导师和单位间的"私下合作"进行对照，分析高校和工程院所联合培养博士生的协同基础，以便构建联合培养的协同框架和协同机制。

在访谈过程中，H 研究总院有两位导师都谈到国家推行的联合培养政策就是在对 H 研究总院和 M 理工这一基层研究生培养协议合作案例进行调研、借鉴和提升的基础上形成的（L-D-S09-140520 和 L-D-S10-140625）。

H 研究总院近年来一直存在项目多、经费足而学生少、科研人员紧张的资源矛盾，通过导师间私下合作进行博士生培养，首先难以形成规模，其次规范性不足，因此，亟须开展更加正式和规范的校所合作培养以满足自身对研究生这一重要人力资源的需求。通过编号为 L-D-S10-140625 的导师作为渠道，了解到 M 理工地处我国西南地区，研究生数量较多但科研项目较少，双方互有资源优势和不足，并具有相互匹配的合作需求。这位导师对双方的情况和人员都比较了解，经过他居中沟通联络，2003 年左右，H 研究总院和 M 理工双方签署了研究生合作培养协议，每年从 M 理工输送数十位研究生到 H 研究总院进行科研训练。至笔者调研时（2014 年 6 月），已共计合作培养研究生 300 余人，其中大部分为硕士研究生。

由于该合作基于高校和工程院所的自发需求，因而合作动力较强，合作过程比较顺畅，合作效果较好，形成了"三方受益"的局面。工程院所由此缓解了科研人力资源的不足，使其骨干研究人员能够腾出手来做一些深入的机理和框架研究，或者发展新的研究方向；高校通过合作提高了研究生的培养质量；学生也能从中受益，借此机会从西部到北京求学，接触的项目也有相当高的层次，补助等生活待遇相对有保障，更重要的是能够借助 H 研究总院的平台优势扩大择业范围，提升就业层次。因此，从培养效果来看，这些研究生的培养质量相对较高，职业发展也比较顺利，合作培养的模式不断成熟。

因此，在项目运行数年之后，通过一次主管部门开展基层调研的机会，这一人才跨界合作培养模式的实践探索和成功经验进入了上层的视野，启发了行政主管部门的思路，成为国家政策的原始雏形，为在国家层面开展工科博士生跨界联合培养模式的新探索提供了真实的案例。在吸收该项目协议合作培养模式经验的基础上，通过开展广泛深入的基层调研，2010 年由教育部和中国工程院共同推动出台了高校和工程院所联合培养博士生的改革试点政策。这一政策确定了高校和工程院所共同的培养主体地位，使博士生具有正式的双重学籍和导师团队，并将联合培养提升至"强强联合"和探索拔尖创新人才培养模式的高度，高校和工程院所联合培养博士生从基层出于资源互补需求的自发尝试上升至国家层面的宏观政策。

后来周部长来调研时发现这种合作培养的模式非常好，是培养高级工程科技人才的一个比较理想的方式。因为一方面解决了科研劳动力的问题，这些研究生确实也做了大量的工作。另外培养效果也比较成功，这 300 多个研究生中 90% 以上都在从事和钢铁有关的专业工作。与高校培养模式的不同就在于 H 研究总院所有的科研课题全部都是基于实际的需求，都要解决实际问题，并且很多都是国家层面上的大项目，因此钢厂非常欢迎，毕业生去工作之后很快就能上手，一个月就可以承担课题。到目前为止，已经有 10 来个学生成长为大型钢铁企业的中层干部了（L-D-S10-140625）。

我们科研任务比较多，并且应用目标明确，而 M 理工学生多、课题少。在 2000 年前后，正好有个同事调去 M 理工工作，后来又回到院里，他在双方之间牵线搭桥促成了合作培养，每年大概有几十个研究生的规模。后来逐渐发展得比较成熟，周部长来考察过，觉得这种合作培养的方式很好，后来就在国家层面作为一项政策推而广之了（L-D-S09-140520）。

一　匹配的合作需求

双方是否具有基于资源互补的自发合作需求是影响联合培养效果的一个重要因素，它决定了双方有足够的动力破除阻力和困难，获取紧缺的资源，从而开展实质上的联合培养。调研结果显示，在国家推行的部分联合培养项目中，导师缺乏自发的合作动机，或者双方的合作需求不相匹配，导致合作效果仅止于表面层次，而无法做到培养过程中实质性的合作；相反，在双方有着较强互补需求动机的案例中，合作效果往往也能达到较深的层次。

对比国家项目和"私下合作"可以发现，后者是基于导师和组织对紧缺资源的相互需求自发形成的合作培养模式，因此有着较强的合作动力，合作效果也往往比较符合预期。国家主导的联合培养项目具有自上而下推行的特点，加上管理体制尚不完善，确实存在一些与导师自发需求相脱节的案例，在本书的访谈对象中，有 2 位受访的工程院所导师都反映在开展联合培养之前甚至并不认识对方导师，更谈不上有自发的合作需求，因此会出现合作动力不足、需求不匹配的现象。

编号为 L-D-S01-131227 的工程院所导师对国家项目和"私下合作"的效果评价截然不同。一方面，他认为目前他所参与的国家联合培养项目除了增加招生名额之外，并没有起到应有的效果；另一方面，这位导师却在工程院所博士招生名额十分紧张的情况下，自发将自己的博士生送到曾经有过项目合作的 A 大学和香港某大学的导师处进行合作培养，并且对这种"私下合作"培养的效果评价很高。

> 我感觉就是增加了一些名额，我本来只能带一个学生，现在多了一个名额。但是学生招来之后，并没起到联合培养应有的效果。在我的想象中，联合培养应该发挥高校和科研院所的优势互补作用，让学生各方面的能力都得到锻炼。但实际上，除了增加名额，我个人感觉没有什么效果（L-D-S01-131227）。

为什么在这位导师身上，二者的效果会有如此大的差别？首先就是导师之间存在基于资源互补的自发合作需求。这位工程院所导师希望能够将学生送到高校接受更加系统扎实的基础研究训练，并且在合作培养的过程中通过开展双方的学术交流对自身所在工程院所的科研工作起到促进作用，而对方高校的导师希望能有更多的学生。其次，"私下合作"的双方导师主动共同参与到培养过程的重要环节之中，例如共同为博士生制定培养方案，当学生认为双方导师对培养方案的意见不一致而产生迷惑时，通过师生三方之间的充分讨论交流，让学生发现其实两位导师的意见有异曲同工之妙，从而增进对其科研思维的训练和对研究问题的思考，其中的收获是不言而喻的，师生三方之间的有效沟通对保证合作培养的效果十分重要。

> 我有一个学生送到 A 大学去培养了，他不在我这儿做项目，因为 A 大学的老师跟我做一样的研究方向，以前也有过项目合作，但送这个学生去并不是因为项目，而是希望他能在高校多学一点基础研究的知识和方法。A 大学老师一直搞教学，基础方面很扎实，我想送到高校会不会对他的培养更有利？所以就送过去了。并且合

作培养对我们也有用，经常搞一些双方的学术交流，交流之后就会发现高校和我们的思路方法都不一样，能够引发学生的思考。A大学老师招生名额很紧张，很需要学生。他做基础研究，我做应用研究，双方能够很好地互补，所以这种合作能够真正起到作用，因为双方都出于自发的需求（L-D-S01-131227）。

对比这位导师参与的国家推行的联合培养项目的情况，招生并没有经过双方导师的共同考察和认可，而是单方面确定之后再打电话联系挂名第二导师事宜，目的单纯为解决名额紧缺，既缺乏共同的需求动机，导师之间也没有合作基础，甚至互不相识，很难实现合作共同指导。也正是因为有"私下合作"培养的良好效果在先，这位导师对国家推行的联合培养项目抱有较高的期待，当期待未能实现时，对效果的相应评价也就较低。因此这位导师再三强烈建议，希望今后联合培养能够淡化第一和第二导师的身份归属，建立类似实验室轮转的机制，保证博士生能够切实接受到双方导师的科研指导，真正融入双方的科研工作中；并且在整个培养过程中，双方导师应针对博士生进行密切的沟通和紧密合作，为学生量身定制培养方案。

建议能去对方导师的实验室待一段时间，不分第一导师和第二导师，或者如果导师有一主一辅的话，先在第二导师的实验室待一年，因为第一年入学的时候没有压力，可以开展广泛的学习，接触科研方法训练。一年以后再回第一导师那里，真正进入学位论文工作中。我想在第二导师那儿一年的工作，并不会耽误和浪费，表面上跟学生的课题没有什么关系，但是积累了知识，锻炼了方法，对于论文写作有帮助。当然这一年时间两个导师可以沟通好，针对学生将来的课题进行哪些相关的训练，做好这一年的工作安排（L-D-S01-131227）。

在 H 研究总院和 M 理工的协议合作模式中，由于双方互有资源优势和不足，组织之间自发的合作需求能够形成相互匹配，因而合作过程中双方关系平等、力量均衡，合作开展得较为顺利。

> 民间研究生合作培养有一个最大的优点，就是双方在资源和力量上的平衡（L-D-S09-140520）。

国家项目秉承"强强联合"的原则，保证了合作的层次和水准，但在目前国家科研投入不断加大的背景下，高水平的大学和行业内权威的工程科研机构在科研项目和经费上都相对较为充裕，这也是高层次的校所之间合作驱动力不强的现实原因之一。

二 双方的合作基础

"私下合作"的另一优势在于导师之间往往有项目合作的基础，彼此之间十分熟悉，便于在培养过程中进行沟通。导师之间的关系会影响合作培养博士生的效果，导师间互相熟悉了解更有利于合作的开展。本研究大部分受访联合培养导师表示与合作导师之间比较熟悉，其中有 6 位导师与合作导师之间是师兄弟或校友关系。如前所述，也有 2 位受访的工程院所导师和对方在联合培养前完全不认识，在开展联合培养后也仅止于互相认识而已，这 2 位导师都认为除了增加名额，联合培养项目并没有达到应有的效果（L-D-S01-131227、L-D-S04-140109）。

> 如果关系不是很密切，对对方的研究工作就没那么了解，那么就不一定想跟对方联合培养博士生（L-D-S05-140109）。
>
> 关系密切肯定有事好商量，尤其是对联合带学生有好处（L-D-S05-140109）。

导师之间互相熟悉和了解是开展联合培养的基本前提，但并不是达成理想合作效果的充分条件，这还涉及导师间研究方向的差异和导师对拓展研究视野的期待等其他因素。有 2 位受访的工程院所导师与合作导师之间是师兄弟的关系，彼此之间很熟悉，但是由于双方具体的研究方向差异较大，第二导师很少参与到博士生的指导之中，发挥作用有限。总的来看，绝大部分导师倾向于与互相了解和有合作基础的导师进行联合培养，但也有 1 位受访导师认为和不熟悉的导师进行合作培养未必都是坏处，相反有可能通过联合培养进一步拓展学术交流的范围。

> 如果导师之间本来很熟，合作很多，那么没有学生这个纽带也能很好地合作。如果和其他一些过去不是很熟的导师一起培养学生也有好处，可以进一步加强联系（L-D-S08-140117）。

分别有 2 位高校导师和 4 位工程院所导师与对方有科研合作的基础，这些受访者普遍反映相互之间非常熟悉、研究方向也较为匹配、沟通得比较顺畅。有科研合作基础的导师在开展联合培养时体现出比其他导师更加紧密的联系。如果博士生的联合培养能够依托双方导师合作的科研项目来进行，那么就能够最大限度地发挥第二导师的作用，第一导师和第二导师结成一体化的指导团队，使博士生受益更多，在培养过程中遇到的障碍也更少。

导师之间的合作基础影响了联合培养的效果，联合培养也会反过来使导师之间的联系更加紧密，并有可能促进双方更深层次的科研合作。

> 我正在跟对方导师一起申请一个国家重大研究计划，我们合作培养博士生的过程，加上原有的一些合作，对共同申请项目都有帮助（L-D-X02-131226）。

因此，双方的合作基础对保证导师之间沟通顺畅，共同指导博士生，甚至对促进双方更进一步的科研合作都有帮助，但合作效果还与导师之间的研究方向、项目合作与联合培养相结合的情况、导师的预期等其他因素有关。

除了导师之间的合作基础，联合培养的效果也与双方学科和单位之间的历史渊源与合作基础有关。在部分案例中，高校和工程院所在历史上属于同一系统或在同一国家部委管理之下，双方合作基础深厚，过去相互之间人员聘任、调动和流动频繁，形成了良好的合作基础。联合培养除了导师之间的合作指导，还涉及课程合作、评价标准、毕业流程等各个培养环节，单位之间的合作基础对于双方管理人员和领导层之间通过沟通协作破解各类管理难题、理顺合作机制、规范培养流程等都有帮助。

三　差异性与互补性

"私下合作"出于自发需求，导师和学生可以根据自身需要选择合作导师的研究方向。导师之间研究方向的差异也是决定双方能否切实合作指导博士生，并进一步开展科研合作的重要因素之一。在部分受访导师的案例中，导师之间研究方向差异较大，导致第二导师无法发挥科研上的指导作用。

在知识生产"模式2"中，知识生产的应用情境对跨学科科研交流和合作提出了更高的要求，跨学科研究领域也往往是科技创新的前沿地带，因此如何促进跨学科科研和人才培养合作成为当下的热门话题。通过考察受访导师对联合培养双方导师研究方向差异的看法，可以为跨学科合作的差异性和互补性等问题提供一定的参考。

受访的高校导师总体上认为导师间的研究方向如果能形成互补，那么合作效果比双方雷同要好。互补强调的是差异性，但同时双方也应针对相同、相关或相似的研究领域或对象，如果导师间有合作的科研项目或相似的研究方向，第二导师的作用就能得到较大的发挥，如果研究方向差距过大则难以共同指导博士生的科研工作。大多数受访的工程院所导师也认为合作导师之间的研究方向既不能没有差异或差异太小，也不能差异太大，差异太小则合作意义不大，效果也不明显；差异太大则难以沟通，无法共同指导和深度合作。

> 我们是师兄弟关系，不光关系密切，而且专业背景和学术背景都很接近。只不过在相同背景的基础上，我们在理论上，他们在应用上继续发展，但是根基都在一起，所以合作也比较容易深入（L-D-X03-140103）。

> 在功能材料这个研究领域，我们院和高校或中科院系统有差别，但差别没有那么大，所以联合培养在强化学生基础研究这一点上体现出一定的作用，但因为双方差异小，相对而言作用没有那么明显（L-D-S05-140109）。

因此，导师间研究方向的差异要适当，二者的研究方向之间最好是有关联的、针对同一领域或对象的，但具体的侧重点略有差异，这样才能既有合作基础，又可以优势互补。调研中还有部分受访导师表示能够通过联合培养合作导师，接触到一些以前从未涉及的研究方向，从而拓展了研究领域。

> 我觉得在同一个大方向下有一些差异是有好处的。如果方向完全一致没有差异，那联合培养的意义就不大，只能多招一个学生。应该说有差异要好一些，但是不能差异大到学科方向的程度，必须在相同的学科之下，两人适当有所差异，有所偏重是有好处的（L-D-S08-140117）。

> 我个人感觉，研究方向不能完全一样，完全一样联合培养的优势就不明显了，但又不能差得太多，还要有点交叉会好一些。要适度交叉，这两个学科本来就应该是有联系的，这样联合培养效果会更好一些（L-D-S09-140520）。

编号为 L-D-S03-140108 的工程院所导师本身从事的就是交叉学科领域的研究，因此她是从"求异"的角度出发来选择合作导师的，虽然她本人就具有跨学科的教育背景，但仍认为自身的学科背景对指导学生来说并不足够，希望学生在高校接受到更多相关学科导师的指导，为学生选择两位高校合作导师的标准也是要具有"相关性"，两位导师分别与学生研究方向涉及的两个学科领域相关。

综合来看，受访的工科博士生导师大都希望双方在研究方向上有适度的差异，既不能完全相同，也不可差异过大。所谓适度的差异，指的是双方的研究方向具有一定的相关性，针对相同、相关或相似的研究领域或研究对象，但各有侧重，各有所长，这样才能在科研和博士生培养上形成优势互补的关系。

对本身就是从事交叉学科研究的导师来说，希望博士生可以从与该研究领域相关的不同学科导师处获取知识和方法，合作过程中"求异"倾向突出。但如果导师的研究领域界限相对明晰，相比之下就会更强调研究方向的一致性，合作过程中"求同"倾向占主导，在求同的基础上，希望双方有所差异或各有侧重。因此，在联合培养合作导师研究方向的差异性这个问题上，既要强调适度的差异性和互补性，也要尊重导师的个人意愿和需求。

四　规范性与合法性

导师间的"私下合作"虽然具有关系熟悉、研究方向匹配、灵活便捷的优点，但也有着自身无法克服的重要缺陷，那就是规范性和合法性不足，使其既无法大规模开展，也得不到国家的认可，当出现突发状况时，难以保障各方权益，特别是博士生的合法权益。正是有感于导师间"零星"私下合作存在的不足，H 研究总院才积极推动了与 M 理工的协议合作培养项目，由于双方签订了正式的合作培养协议，因而这种合作模式相对更加规范，对各方权益的保护更周到，并且可以大规模地持续开展。

联合培养研究生原来也有，但都是零星的，今天在 B 大学要一个学生，明天在 C 大学要一个学生，都是导师的个人行为，管理就很容易出问题，出点事情不好办。所以和 M 理工合作，由院里和高校签订了联合培养协议，规定每年派多少学生过来，规模也就逐渐扩大，刚开始大概每年 10 个，后来最多时一年 30 多个学生（L-D-S10-140625）。

协议合作模式虽然比导师私下合作更为规范，更有保障，比单纯的课程合作效果更加深入，但是协议合作模式仍然是在打国家政策和规范的"擦边球"，始终存在一些难以解决的问题。

首先是合法性问题。学生在工程院所的培养经历无法体现在学位证和毕业证上，只能由培养单位出具证明，说服力有限。对于 H 研究总院和 M 理工这种跨地区合作的培养项目来说，学生医疗保险跨地区报销存在困难，工程院所不具备保障大量学生食宿的后勤条件等都是很现实的困难，学生的权益难以得到保障，对单位和导师来说也存在很多风险。

其次，合作层次较低。"私下合作"通常是双方出于较为实际和迫切的需求而自发形成的，因而某一合作方的层次往往比较低。H 研究总院相关负责人也有感于与 M 理工合作生源质量不够理想，并且合作培养集中在硕士层次，博士生数量很少。但知名高校自身的资源优势也很明显，知名高校导师科研项目多，博士生名额也不充裕，因此开展自发合作的动力不足。从本研究对联合培养高校导师的访谈情况来看，知名高校的导师参与联合培养工作都不是因为缺少项目和经费资源，相反他们的项目都很充足，并且很多知名高校内部出于保障博士生培养质量的目的，对各院系的招生规模进行了严格的控制，因此并没有出现学生多、项目少、经费少的资源矛盾，而是和工程院所类似，存在项目多、经费多、学生少的状况。所以类似于 H 研究总院和 M 理工这种由于在组织内部生源和项目/经费资源不匹配而产生的自发合作，通常只能针对层次相对较低的合作方来进行。如果没有强大的政策推动力，单纯靠单位自发，很难开展"强强联合"的高水平合作。

合作中也有一个问题，我们感觉到跟 M 理工合作，学生的水平要弱一些，所以也再想招收一些好大学的学生。但是好大学的研究生名额也有限，导师课题多也比较忙。正好国家开展联合培养项目，借这个机遇可以和层次更高的大学开展合作，包括 B 大学和 C 大学（L-D-S09-140520）。

此外，私下合作规范性不足，对知识产权归属等敏感问题缺乏相应的制度保障，全靠导师和学生的自觉性；也很难突破个人和组织的思维惯性、体制的约束以及导师对学生人力资源占用的顾虑。

综上所述，导师和单位之间的"私下合作"模式是合作双方希望摆脱关键性的资源约束，基于自发的互补需求而形成的合作培养模式，由于双方具有相互匹配的合作需求，良好的合作基础，研究方向差异适当，因此呈现出合作动力较强，合作效果良好的优势。但是在合法性、规范性和合作层次上存在明显的不足，难以自发开展大规模、高层次的跨界博士生培养合作。

国家主导的联合培养项目是在基层合作实践探索的基础上形成的宏观政策，在一定程度上符合了广大高校和工程院所师生的期待，但由于自上而下推行的特点以及管理体制尚不健全等原因，在部分联合培养案例中，表现出双方需求和研究方向不匹配、合作动力不足、缺乏合作基础等现象。目前，联合培养项目在运行中仍存在一些问题，但作为一项新生事物在改革探索的初期也很难避免，应通过不断总结反思，并吸取"私下合作"培养的优势来促进联合培养项目的改进和提高。"私下合作"和国家项目之间并不矛盾，二者互相补充、互相借鉴，相信在未来一段时间里二者将共存互补，共同为探索我国工科博士生培养模式的改革提供借鉴。

第二节　联合培养的协同框架

通过和"私下合作"进行对比，探讨了联合培养博士生的协同基础，即双方相互匹配的合作需求，良好的合作基础，研究方向适当的差异以及规范性和合法性。下面将通过对联合培养案例进行总结，构建跨界联合培养博士生的协同框架。

从调研和对访谈材料的分析来看，导师和博士生对联合培养模式的期待主要是通过高校和工程院所的合作，实现人才培养的优势互补和促进科研合作（详见本书第四章第二节）；从对效果的分析来看，联合培养模式的试点效果主要集中在促进培养模式的多样化和科研合作的深入推进上（详见本书第三章第二至六节）。

从对合作期待和试点效果的分析来看，高校和工程院所师生一致反映出在联合培养的协同框架中，人才培养协同和知识生产协同是两个重要组成部分，并且二者紧密结合、互相促进，前者包括博士生培养目标、培养过程和评价标准等要素，后者有加强交流与了解、促进科研项目合作、以合作项目为人才培养依托平台三个推进层次。

通过分析联合培养试点项目当前存在的问题和典型案例的成功经验可以发现，要想实现人才培养和知识生产的协同，乃至二者的相辅相成，需要以双方理念文化的协同作为基础，包括参与联合培养的单位、导师和博士生对当前博士生培养模式面临挑战的认识，对联合培养意义的认同，对合作方地位和作用的认可等。只有参与者在理念文化层面对相关形势、意义和作用达成了共识，对双方文化、氛围和评价标准等方面存在的差异兼容并包，才有可能进一步采取切实行动，进行实质上的博士生跨界联合培养和科研合作。

基于上述分析结果，本书提出了高校和工程院所跨界联合培养博士生的协同框架（见图5-1），该框架可以分为三个层次：理念文化协同、人才培养协同和知识生产协同，以此阐明高校和工程院所基于资源互补的合作需求探索工科博士生跨界联合培养的意义和内涵。

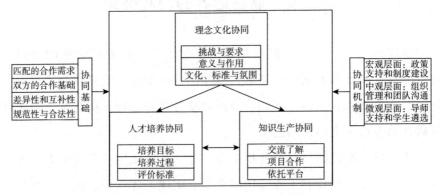

图 5-1　高校与工程院所跨界联合培养博士生的协同框架

一　理念文化协同

　　理念文化协同是跨界联合培养协同框架的基础。要想实现高校和工程院所在联合培养过程中的深度合作，首先要做到双方在理念文化层面的协同。

　　理念文化层面的协同，首先包括双方对当前形势和背景下知识生产和博士生培养模式特征认识上的协同。虽然受访的导师和博士生所在学科和单位有所不同，也未必了解知识生产"模式2"这一理论，但大多对当前自己所在的研究领域中科研和博士生培养模式面临的挑战、发生的变化以及需要做出适当的改进等有着切身的感受。也正是由于共同意识到了这一点，受访的高校和工程院所导师对我国工科博士生培养模式改革探索的必要性形成了较为统一的认识，从而希望能够通过高校和工程院所的合作促进工科博士生培养目标、培养主体和评价标准的多元化，提升我国高层次科技创新人才的培养质量。

　　其次是双方对联合培养意义和作用认识上的协同。对联合培养意义和作用的认识首先基于参与者对双方博士生培养资源优势与不足的准确判断，否则容易引发双方需求不相匹配、合作动力不足的问题。无论联合培养采取哪种具体的合作方式，都需要双方找准自己在科研分工和人才培养中的定位，厘清各自的资源优势和不足，意识到合作过程中双方的分工和任务，从而实现人才培养和知识生产协同中的有效合作。高校有人才培养基地的定位优势，有丰富的生源、课程和学术资源，工程院所具有在国家发展和行业建设中的重要地位，有着优越的生产实践、重大项目和设备资源；高校和工程院所在科研分工中的定位不同使高校具备充足的理论型导师和基础研究资源优势，工程院所则具备充足的实践型导师和应用研究资源。双方均不具备工科博士生培养所需的全部资源，并且二者具有差异化的资源优势，形成了事实上的互补关系。受访的高校和工程院所导师和博士生均意识到了这一互补关系，从而对联合培养的意义和作用达成了认识上的协同。

再次是双方在科研文化、评价标准和人才培养氛围上的协同。高校和工程院所由于组织功能定位、单位性质和在科研体系中的分工差异，形成了各具特色的科研文化和评价标准，不同的人才培养环境和氛围。二者在应该从事什么样的研究工作，培养什么样的工科博士生和如何培养工科博士生上各有侧重，如果能够使双方在科研文化、评价标准和培养氛围上形成相互之间的包容和理解，更容易形成稳固的合作基础和长久的合作关系。

二　人才培养协同

人才培养协同是联合培养协同框架的核心。人才培养协同既是国家推行联合培养项目的主要目的，也是高校和工程院所师生参与联合培养项目最重要的期待。高校和工程院所在人才培养层面的协同主要包括工科博士生的培养目标、培养过程和评价标准这几个方面的协同。

1. 工科博士生培养目标的多元化

高校在培养传统的学术型人才之外，通过联合培养还可以向行业企业输送更多优质人才，工程院所除了立足自身满足其科研人才的需求之外，还可以吸纳更加优秀的生源加入到单位和行业的建设中来。此外，联合培养对博士生知识和能力的培养也更加综合和全面，博士生既要具备丰富的科学知识和技术知识，也要兼备理论水平与实践技能，培养目标为复合型的高层次科技创新人才。

2. 工科博士生培养过程的互补性

联合培养项目通过国家政策实现了高校和工程院所作为平等主体参与到工科博士生培养中的合法性地位，通过培养主体的多元化可以实现博士生培养过程的优势互补，借助高校和工程院所各自的资源优势，构建科学与技术相结合的课程体系、理论与实践相结合的导师团队、基础与应用相结合的科研训练，也能够实现对学术资源与设备经费资源的综合利用。

3. 工科博士生评价标准的复合性

培养目标的多元化和培养过程的互补性特征，对联合培养博士生的评价标准产生了重要的影响，使其既不同于高校传统上注重理论水平和发表文章能力的评价标准，也不同于工程院所传统上注重实践能力和科研应用价值的评价标准。联合培养博士生的科研工作应既能达到一定的学术创新水平和理论深度，也要有相应的应用前景和市场价值；对博士生知识和能力的评价也应该兼备理论和实践两种价值导向。

三 知识生产协同

国家推行联合培养项目除了想要实现人才培养层面的协同，还希望双方在进行博士生培养合作的过程中加深相互之间的交流和了解，从而促进双方在知识生产上的跨界合作和协同创新，这也是受访工科导师对联合培养博士生项目的深层次期待。知识生产层面的协同主要包括：双方的科研交流与了解、科研项目合作以及以合作项目为人才培养依托平台，即科研项目和人才培养相结合3个推进阶段。

首先，通过联合培养可以加深高校和工程院所相同或相近学科及其导师之间的科研交流和相互了解。联合培养博士生使双方导师、团队和单位联结得更加紧密，博士生联合培养的过程使双方可以开展深层次、长时段并与前沿紧密结合的科研交流，激发思想火花，拓展研究视野，促进科研创新。通过交流可以使高校更加了解国家、社会和产业的实际需求，加强科研工作的现实指向性和成果转化能力，强化高校科研工作的社会功能；通过交流可以使工程院所加深对基础研究和前沿研究的了解，为解决技术创新和现实需求中的关键问题提供理论支持，提高单位和行业的整体竞争力，解决长远发展动力的问题。

其次，在相互了解的基础上，通过联合培养可以促进相关导师和单位之间的科研项目合作，为加快推进高校和工程院所的协同创新增添了一个新渠道。从科研交流到项目合作，高校和工程院所在知识生产层面的跨界协同有了现实的依托平台和具体的目标指向，可以充分调动双方的人力和物力资源，开展深层次的全面合作，为实现科技进步和经济发展相结合找到了有效途径。

最后，联合培养博士生的工作如果能依托双方的科研合作项目来进行，更有利于将跨界协同提升到科研和人才培养相互结合和相互促进的层面。工科博士生的培养与科研紧密结合、融为一体，科研项目是工科博士生培养的重要依托平台，联合培养博士生工作如果不能依托于双方导师的合作项目，可能会带来第二导师无法充分发挥作用、双方导师难以形成指导合力、博士生在满足双方评价标准时存在困难等问题。博士生培养合作与科研项目合作紧密结合，既能够提高复合型工科博士生的培养效率，也能够使双方导师的沟通交流更加充分，科研合作更加深入。

第三节　联合培养的协同机制

协同机制建设是高校和工程院所跨界联合体系中的核心，是改进联合培养现存问题、促进联合培养效果充分发挥和长远发展的关键。

一　宏观层面：政策支持和制度建设

根据对联合培养效果和存在问题的分析，结合导师和博士生对联合培养未来发展提出的建议可以看出，高校和工程院所联合培养博士生这项工作涉及的方面很广，层次也较多，因此，本研究认为需要从宏观、中观和微观 3 个层面着手来构建跨界联合培养博士生的协同机制。所谓"宏观"指的是国家各相关行政主管部门这一层面，"中观"指的是参与联合培养的各高校、工程院所及其下属的院系/所等单位层面，"微观"指的是联合培养双方导师及博士生等个体层面。

1. 在宏观层面进一步加强政策支持力度和方向引导

所谓"十年树木，百年树人"，教育事业需要长期的投入和关注，人才培养的效果也需要经过长期的检验方能显现，对教育活动切忌"短视"和"折腾"。对类似于联合培养博士生的改革项目，需要进一步加强政策的支持力度，只有经过长期的实践检验才能更全面地考察这种新型培养模式的优势和问题，从而制定下一步的改革方向。因此，应稳步扩大联合培养的招生规模和宣传力度，保持相关政策的稳定性。

在知识生产"模式 2"的大背景下，学科分工细化、资源优势分散、跨部门跨机构科研和人才培养交流合作日益频繁，这些都已成为工科博士生培养模式改革中的大势所趋。从调研来看，高校和工程院所的导师和博士生群体都普遍反映了加强和不同类型的科研机构、学科和人员之间进行跨界交流和合作的愿望，交流能够开阔视野、拓展知识领域、激发创新灵感，合作能够实现双方在资源上的优势互补，既有利于知识生产的协同创新，也有利于工科博士生培养目标、培养主体和评价标准的多元化。

因此，需要加强宏观政策的引导，大力支持跨界博士生培养的交流与合作。当前国家正在大力推行协同创新，但仍需要进一步在国家政策中明确具体的发展重点、支持方式和管理机制等。高校和工程院所联合培养博士生是加强跨界科研和博士生培养交流合作的一种新探索，经过数年的试点工作已积累了较为丰富的经验，其效果获得了参与者的积极评价。因此，在试点的基础上可以进一步加大对联合培养的支持力度，例如，丰富参与机构的类型、扩大参与单位的范围、加强经费支持力度、增加博士生招生名额、根据未来科研前沿的热点重点支持跨学科博士生合作培养等。

2. 在宏观层面进一步加强相关制度和培养平台建设

联合培养双方在科研及人才评价标准上的差异、体制的约束和障碍、管理制度的不健全、责任分担和利益分配机制的不明确等问题都使跨界科研和博士生培养合作改革项目在推进过程中遇到了诸多困难。因此，需进一步加强相关制度的建设，以降低合作成本，提高培养效率。例如在调研的基础上，针对联合培养过程中的难点和重点，出台关于知识产权认定、责任义务分担、博士生评价标准和评价方式多元化等一系列跨界联合培养的指导性意见，为基层更好地开展跨界合作培养提供制度支持和保障。

此外，联合培养博士生项目今后还应重点加强以双方导师合作项目为主的培养平台建设。联合培养博士生要有双方导师和单位共同支持和参与的平台作为支撑，否则容易导致联合培养流于形式而不具实质。博士生的培养和科研有着密切的关系，科研项目是博士生培养的依托平台，因此以双方导师适当的合作项目作为联合培养的依托平台，既可以减少合作过程中的困难和障碍，又可以使合作的效果得到最大程度的发挥。虽然在部分调研的案例中，没有合作项目作为依托也部分达到了加强沟通交流的效果，但是导师和博士生也普遍认为效果发挥并不充分，第二导师难以对博士生的科研工作进行具体指导，培养过程中遇到的困难和障碍也比较多。因此，在宏观层面上应注重培养平台建设，特别是需要将联合培养的发展重点向有科研项目合作或有合作基础和意愿的导师之间倾斜。这样一方面更加尊重参与者的自发合作需求，充分调动导师投入到联合培养和科研合作中的积极性；另一方面也使联合培养工作能够依托合作项目进行，提高培养质量和合作效率。

3. 在宏观层面进一步建立联合培养的监督评价机制

我国正处于社会转型期，随着改革的不断深化，各项涉及经济和社会发展的重要政策都处于调整和变革之中。反映到高等教育系统之中，诸如高校和工程院所联合培养博士生这样在大量调研基础上推出的改革项目近年来不断出现，参与改革的群体规模不断扩大，影响更加广泛。因此需要在宏观层面上对大量博士生改革项目的阶段性成果展开广泛调研，总结成功的经验和存在问题，并进行改进和推广，在此基础上加强对未来工科博士生培养模式改革的方向性引导。

具体到联合培养工作中，应重视建立联合培养项目的监督考核和激励机制。坚持长时段、大样本、全覆盖的原则，考核各联合培养项目的实施效果和博士生培养质量，并建立相应的激励和退出机制。对没有达到联合培养预期或合作效果不佳的项目进行整改，整改效果仍不理想可缩减名额或退出联合培养，对合作效果良好的典型案例进行重点宣传或采取增加名额等支持措施，保障项目参与者的切身利益和政策执行效果。

二　中观层面：组织管理和团队沟通

在参与联合培养的单位及其下属部门这一中观层面，应重点加强组织管理、团队沟通和支持机制建设。

1. 在中观层面进一步加强组织管理，细化相关管理制度

自 2010 年项目启动至今，经过数年试点运行，基层单位已积累了比较丰富的联合培养经验，初步建立了相关的管理制度。但是在调研中，管理人员和博士生仍反映在中观层面存在着缺少专职管理人员，沟通协调工作量过大，在诸如博士生发表文章作者单位署名等部分关键问题上仍存在管理制度的空白等问题。因此，在高校和工程院所层面，应进一步加强联合培养的组织协调和管理工作，设立专职管理人员并对其进行相关培训；根据联合培养的进展和问题，在单位内部开展调研并不断改进管理制度和博士生评价标准，以适应日益广泛的各类跨界合作培养；成立由双方单位各相关部门负责人员共同组成的联合培养管理委员会，便于在单位层面进行统筹协调和沟通。

2. 在中观层面进一步采取支持措施，加强双方团队的沟通交流

受访导师都有加强双方团队和导师之间沟通和交流活动的强烈意

愿，但很多导师却认为目前在单位层面因为缺乏相应的支持和约束机制而无法开展。在本研究的部分案例中，双方单位的领导或团队负责人同时也是参与联合培养的工科博士生导师，他们对联合培养的意义有着深刻的认识，其重视和支持对联合培养项目的开展起到了非常重要的推动作用，通过提供项目和资金、建立相关制度、解决现实困难、定期举办导师见面会等方式为联合培养取得良好效果提供了重要保障（A 大学和 J 研究院，B 大学和 H 研究总院的联合培养案例）。

因此，在中观层面应使各单位和相关的领导不断提高对联合培养的重视程度，使双方能够共同对联合培养采取支持措施，例如建立团队之间相对规范、频繁的交流机制，定期开展由双方团队共同参与的学术研讨和交流活动，为各类跨界交流活动提供资金支持和制度约束。

3. 在中观层面进一步加强对导师的激励机制，为合作指导提供规范

对于导师来说，由于涉及双方单位和导师之间的沟通协调，参与跨界联合培养要比单独培养博士生投入更多精力，付出更多心血；跨界科研合作也常面临着单位内部科研评价标准和科研政策的调整和制约。因此，需要各单位在中观层面进一步加强对联合培养导师的激励机制，将参与联合培养博士生和跨界科研项目合作的工作量以适当的方式计入教师和科研人员的评价体系之中。此外，对导师之间如何更好地进行合作指导应提供规范性的指导意见，例如明确双方导师的责任分工、对博士生的支持义务和必须共同参与的重要培养环节等，使合作导师之间配合得当、衔接有序，从而形成指导博士生的合作力量。

三　微观层面：导师支持和学生遴选

在导师和博士生这一微观层面上，需要进一步加强导师对联合培养的支持力度，明确对联合培养博士生的遴选原则，关注博士生的切身感受和利益。

1. 在微观层面进一步加强导师对联合培养重要性的认识和支持力度

应注重引导导师从有利于人才培养和成长的角度看待联合培养这种

培养模式，从而看淡博士生人力资源归属等敏感而又现实的问题，尤其是第一导师作为博士生培养的首要负责人，其态度对合作培养有重要的影响。如果第一导师过于看重学生作为人力资源的价值和作用，只希望学生专心给自己做项目，会对其参与第二导师相关科研活动持消极甚至反对态度，从而将学生牢牢捆绑在自己的项目中，也就很难实现联合培养的预期效果。如果第一导师能够看淡学生的人力资源归属，就更能从有利于人才培养的角度出发，希望学生参与到双方的科研活动中，去开阔眼界，多方吸收知识，锻炼全面能力。

从调研情况来看，大部分第一导师更看重的是对学生的培养而非学生人力资源的归属，希望博士生能通过联合培养体验不同的科研环境，有更多机会吸收知识和锻炼能力。有的高校导师作为研究团队负责人，还提倡并提醒同事也要去看淡这个问题。虽然工程院所的博士生名额更加紧张，但仍有不少导师能从利于学生培养的角度出发来看待联合培养，并不过于看重学生的人力资源归属问题。

导师对学生人力资源归属的态度和导师对联合培养的认识、参与联合培养的动机以及导师之间的合作基础等因素有关。如果导师对联合培养的意义有明确的认识，有着充分的自发合作动机，就能跳出对现实利益的考虑；如果缺乏自发的合作动力，仅为了增加招生名额加入联合培养工作，没有考虑过合作培养的意义，也很难支持博士生参与对方的科研活动。如果导师之间有合作的科研项目作为联合培养的依托平台，就既不存在学生人力资源归属的问题，也不存在培养成本分担的问题了。

2. 在微观层面进一步明确对博士生的遴选原则和规范，提高生源质量

联合培养博士生在培养目标、培养过程和评价标准上都与高校和工程院所以往的博士生培养模式存在明显的差异，但是目前仍有很多联合培养项目并非联合招生，而是单方招生，遴选原则也相应延续各单位的传统，没有体现出对联合培养生源质量的特殊要求。因此，今后在联合培养项目中，应提高对联合培养生源遴选的重视，强调双方导师在招生过程中的沟通协商和共同参与，进一步明确联合培养博士生的培养目标

和知识、能力、素质要求，对联合培养博士生的选拔除了注重知识基础、学术能力等传统考核指标之外，还应重视博士生参与联合培养的动力、去产业界就业的意愿等，并结合博士生的工程实践能力等因素进行综合考虑；组成双方导师和管理人员共同参与的联合培养招生委员会，共同确定招生程序和规范，从而提高联合培养生源的质量和针对性。

3. 在微观层面进一步关注博士生的切身感受和利益，注重可迁移技能的培养

本书采取了导师和博士生两种研究视角，通过对照可以看出在改革项目中，导师和博士生的立场、出发点、关注点和感受存在很多不同，导师更关注跨界联合宏观的意义和价值，博士生更关注培养模式本身、毕业年限以及在培养过程中的收获和遇到的困难。对于探讨今后我国工科博士生培养模式的发展方向以及实施类似联合培养博士生的改革措施，都需要更加关注博士生的切身感受和利益。

当前我国工科博士生的就业日益呈现出多元化的趋势，传统学术研究型岗位的就业吸纳能力有限，极易达到饱和状态，博士生进入大学和科研机构从事教学研究工作的门槛变得越来越高，很多博士生开始转向行业企业、社会服务机构等单位就业。另外，随着博士生规模的增长，博士生群体的读博动机也日益多元化，如何满足博士生不同的就业需求也是导师和培养单位面临的一大挑战。因此需要在严格把握工科博士生培养基本质量标准的同时，根据博士生个人的特点，结合联合培养过程中双方导师和单位能够提供的有利资源，有针对性地采取因材施教的措施，并注重对博士生可迁移技能进行训练和培养，通过跨界联合更好地发挥双方导师的指导作用，培养博士生的可迁移技能和更广泛的就业适应性。

第四节　小结

在国家推动联合培养项目之前，高校和工程院所及其部分导师之间长期存在着出于资源互补目的而形成的"私下合作"培养研究生的先

例，这些基层经验为国家政策的形成提供了案例和思路。对比国家项目与"私下合作"可以发现，双方相互匹配的合作需求和合作基础、研究方向的差异性和互补性、合作的规范性和合法性都是进行跨界联合培养的协同基础。

通过对导师和博士生的访谈材料进行分析汇总，可以发现高校和工程院所的跨界联合培养协同框架可以分为3个层次：理念文化协同、人才培养协同和知识生产协同。理念文化协同是联合培养协同框架中的基础，人才培养协同是联合培养协同框架中的核心，知识生产协同是联合培养协同框架中的深层次追求，并且与人才培养协同紧密联结和相互促进。

高校和工程院所跨界联合培养博士生的协同机制可以从宏观、中观和微观3个层面进行构建。应在宏观层面进一步加强政策支持和制度建设，在中观层面进一步加强组织管理和团队沟通，在微观层面更加注重导师对联合培养的支持和生源遴选原则的确立等。

第六章
结论与启示

第一节 主要结论

结论一：高校和工程院所跨界联合培养博士生是当前对我国工科博士生培养模式进行改革的一种有效探索，跨界联合培养模式促进了我国工科博士生培养目标、培养主体和评价标准的多元化。

当前建设制造业强国和创新型国家建设对我国工科博士生的培养模式提出了新的要求，知识生产模式的转型也对我国工科博士生的培养模式带来了新的挑战。目前我国工科博士生培养模式的现状尚不能充分适应上述新要求和新挑战，高校和工程院所跨界联合培养博士生项目正是对我国工科博士生培养模式进行改革，培养高层次复合型科技创新人才的一种有效探索。联合培养模式进一步促进了我国工科博士生培养目标的多元化，开辟了向国家重点行业、企业和研究单位输送高层次人才的新渠道，对博士生知识和能力的要求也更加全面。通过培养主体的多元化，联合培养模式实现了培养过程中的优势互补，这一培养模式具有科学与技术相结合的课程体系、理论与实践相结合的导师团队、基础与应用相结合的科研训练，并且学生能够综合利用双方的学术资源与设备经费等资源。联合培养模式还对博士生采取了复合性的评价标准。

以联合培养博士生为纽带，跨界联合还进一步推进了高校和工程院所相关学科和导师之间的科研交流与合作。经过数年的试点运行，联合培养博士生的品牌效应和管理机制已初步形成。

但目前联合培养过程中仍存在着一些具有共性的问题，例如国家项目与自发需求之间存在差距、培养过程中合作尚未落到实处、缺少合作项目作为依托平台、管理制度仍不完善和社会认可度仍较低等，影响了合作效果的发挥，需要进一步加强跨界联合培养的协同机制建设。

结论二：摆脱资源困境，实现资源优势互补是高校和工程院所参与跨界联合培养的重要动力。

高校和工程院所的工科博士生培养资源各具特色并形成了优势互补的关系。高校拥有高层次人才培养基地的定位以及由该定位带来的生源、后勤等资源优势，具备理论水平较高的导师队伍、丰富的基础研究项目和学科资源；高校课程体系丰富规范，学生可以接触到大量高水平的国内外前沿学术交流资源。参与联合培养的工程院所在国家发展、经济建设和行业领域内均具有重要的地位，其科研工作具有明确的问题指向性和重大的现实意义，科研成果以市场需求为导向，生产转化效率较高；工程院所拥有实践经验丰富的导师队伍和充足的应用研究资源和生产实践资源，博士生可以接触到大量实际的工程项目和行业企业资源。在国家持续加大科研投入的背景下，双方都具有相对充足的项目和经费资源，在设备资源上各有侧重，在科研环境、人才培养氛围和团队建设上也存在着显著的差异。

高校和工程院所在科研和人才培养资源上均存在相应的不足，二者都不具备知识生产"模式2"背景下工科博士生培养所需的全部资源，为实现培养目标、培养主体、培养过程和评价标准的多元化，摆脱相应的资源困境，必须进行跨界合作以实现科研和博士生培养资源的优势互补。

因此，在联合培养项目中，应注重构建高校和工程院所的协同基础，使双方具有相互匹配的合作需求，良好的合作基础，并使双方的差异性和互补性得到协调。

结论三：跨界联合培养的协同框架可以分为理念文化协同、人才培养协同和知识生产协同 3 个层面。

理念文化协同是跨界联合培养协同框架的基础，包括双方对当前形势和背景下知识生产和博士生培养模式特征认识上的协同，对联合培养意义和作用认识上的协同，在科研文化、评价标准和人才培养氛围上的协同。

人才培养协同是跨界联合培养协同框架的核心，既是国家推行联合培养政策的主要目的所在，也是高校和工程院所师生参与联合培养项目最重要的期待。人才培养协同表现为博士生培养目标的多元化特征、培养过程的互补性特征和博士生评价标准的复合性特征等。

国家推行联合培养项目除了想要实现人才培养层面的协同，还希望双方在进行博士生跨界联合培养的过程中加深相互之间的了解和交流，从而促进双方在知识生产上的协同创新，这也是受访工科导师对联合培养博士生项目的深层次期待之一。知识生产协同主要有加强双方的科研交流与增进了解、科研项目合作以及科研项目合作与人才培养相结合三个推进阶段。

结论四：跨界联合培养的协同机制要从宏观、中观和微观 3 个层面进行构建。

所谓宏观层面指的是国家各相关行政主管部门，中观层面指的是参与联合培养的各高校、工程院所及其下属二级机构，微观层面指的是联合培养的双方导师及博士生等个体。

在宏观层次需要进一步加强政策支持力度和方向引导、相关制度和培养平台建设以及对联合培养项目的监督评价机制建设。在中观层面应进一步加强高校和工程院所的协同组织管理，细化相关管理制度；采取支持措施，加强双方团队的沟通交流；建立对导师的激励机制，为合作指导提供规范。在微观层面应进一步加强导师对联合培养重要性的认识和支持力度，明确对博士生的遴选原则和规范，以进一步提高生源质量；更加关注改革项目中博士生的切身感受和利益，注重对博士生可迁移技能的培养等。

第二节 研究启示

本书主要采用质的研究方法，以高校和工程院所联合培养博士生项目为研究案例，选取了涉及 5 家高校和 7 家工程院所的 13 名工科博士生导师和 10 名工科博士生进行深度访谈，以此为基础考察跨界联合培养这一新型工科博士生培养模式的特色、改革试点效果和存在的问题，分析跨界联合培养的合作动力，构建跨界联合培养的协同机制。本书的研究仍存在一些未竟和不足之处，希望在未来的相关研究中能实现进一步的拓展和突破。

1. 进一步丰富培养单位类型

本书的访谈对象共涉及 5 家高校和 7 家工程院所，这 12 家单位绝大部分位于北京。5 家高校中有 4 家 "985 工程" 高校和 1 家 "211 工程" 高校，7 家工程院所都是所在行业内的大型综合型研究开发和高新技术产业化机构，大多数原为国家部委所属的研究机构，现多改制为中央企业（详见表 1-4）。这 12 家单位在各自擅长的研究领域内都有着很强的科研实力和重要地位，在博士生培养的历史、规模和质量上都是同类单位中的佼佼者，这充分体现了联合培养项目 "强强联合" 的初衷。但我国高等教育发展地区不平衡问题突出，北京的高校和工程院所与京外的单位有很大不同，不同地区的科研和博士生培养情况也存在差异。"985 工程"、"211 工程" 的高校与其他高校之间、研究型大学与非研究型大学之间，在科研与博士生培养上的区别也很明显。因此，本书是对当前我国国内一流高校和大型工程院所跨界联合培养工科博士生的研究。但除此之外，还有地方高校、地方科研机构、企业的研发机构等其他类型的参与我国工科博士生跨界联合培养的机构。本研究重点探讨了高校和工程院所/研究型企业联合培养博士生的模式，中科院系统也是我国工科博士生培养的重要力量，需要对中科院系统与高校和工程院所等单位开展联合培养的情况进行研究。因此，进一步丰富培养单位的类型将是后续的重点工作之一。

2. 关注工程博士的培养模式

工程博士是一个既与本研究相关但又有所不同的研究领域，在对高层次专业人才需求不断增加，我国大力发展专业学位的大背景下，高校和企业联合培养的工程博士必然是未来工科博士生培养中的一个亮点。自 2011 年设立以来，工程博士的培养经验不断积累、日益丰富，笔者也希望在未来的研究中能够继续关注我国工程博士专业学位研究生的跨界联合培养模式，并与高校和工程院所的工学博士生跨界联合培养进行对照。

3. 开展对用人单位和毕业生的调研

很多受访导师都谈到人才培养是一项长期工作，人才培养质量需要经历长期的检验。本研究尽量选取高年级博士生作为研究对象，以期获得其对培养模式较为深刻的体验，但是对毕业后博士生的调研还有待展开。经过工作历练后，他们对联合博士生的培养模式会有更深刻的体会。目前联合培养的毕业生还比较少，希望今后能够对更多的联合培养毕业生进行追踪访谈，从更长时段、用更大规模的样本来考察这种培养模式的优势与不足。博士生培养质量究竟如何，用人单位的意见是非常重要的一个方面，未来工作的重点之一便是从用人单位的角度来看待我国工科博士生培养模式的现状和问题，跨界联合培养模式的优势与不足。

4. 进一步细化学科

今后，笔者还计划进一步细化研究对象所属的学科，探索工科内部不同学科之间博士生培养模式的差异性。虽然同在"工学"大类之下，但是不同的一级学科之间在博士生培养模式上仍有所不同，在一级学科之下，各二级学科也存在着差异，不同学科对联合培养的期待、需求和评价存在什么异同，也是本研究希望进一步探讨的。

参 考 文 献

〔德〕芭芭拉·M.科姆:《博士生教育去向何方——全球变化背景下欧洲的新举措》,《北京大学教育评论》2007年第10期。

白逸仙:《社会需求导向的工程人才培养目标研究》,华中科技大学硕士学位论文,2007。

北京航空航天大学首都高等教育发展研究基地:《高校与科研院所联合培养研究生典型案例汇编(2012)》,北京大学出版社,2014。

〔美〕伯顿·克拉克:《高等教育系统:学术组织的跨国研究》,王承绪等译,杭州大学出版社,1994。

蔡学军、范巍:《中国博士发展状况》,北京大学出版社,2011。

曾祥基:《新科技革命的特点与经济全球化趋势》,《成都大学学报》(社会科学版)2000年第3期。

查建中:《面向经济全球化的工程教育改革战略——产学合作与国际化》,《高等工程教育研究》2008年第1期。

陈洪捷、赵世奎、沈文钦等:《中国博士培养质量:成就、问题与对策》,《学位与研究生教育》2011年第6期。

陈洪捷:《为学术还是为职业——德国大学学习传统及其变迁》,《北京大学教育评论》2005年第2期。

陈洪捷:《知识生产模式的转变与博士质量的危机》,《高等教育研究》2010年第1期。

陈洪捷等:《博士质量概念、评价与趋势》,北京大学出版社，2010。

陈劲、阳银娟：《协同创新的理论基础与内涵》，《科学学研究》2012 年第 2 期。

陈向明：《质的研究方法与社会科学研究》，教育科学出版社，2013。

陈学飞：《西方怎样培养博士：法、英、德、美的模式与经验》，教育科学出版社，2002。

程斯辉、王传毅：《研究生培养模式：现实与未来——研究生培养模式改革高层次论坛综述》，《学位与研究生教育》2010 年第 3 期。

褚艾晶：《以雇主需求为导向的英国博士生教育改革研究》，《学位与研究生教育》2013 年第 5 期。

〔美〕黛安娜·克兰：《无形学院——知识在科学共同体的扩散》，刘珺珺、顾昕、王德禄译，华夏出版社，1988。

丁仲礼：《产学研联合培养在职博士生》，《中国科学院院刊》2000 年第 5 期。

董泽芳：《博士生创新能力的提高与培养模式改革》，《高等教育研究》2009 年第 5 期。

樊立宏、周晓旭：《德国非营利科研机构模式及其对中国的启示——以弗朗霍夫协会为例的考察》，《中国科技论坛》2008 年第 11 期。

高新、叶赋桂、赵伟：《俄罗斯研究生教育培养体系的历史变迁》，《俄罗斯中亚东欧研究》2004 年第 6 期。

耿会芬：《博洛尼亚进程背景下的法国博士生教育改革》，《外国教育研究》2009 年第 9 期。

顾秉林、陈浩明、赵伟：《在提高中发展——理工科博士生教育现状剖析及对策研究》，清华大学出版社，2002。

顾建民、王沛民：《美国工程教育改革新动向》，《比较教育研究》1996 年第 6 期。

管克江、吴云：《中国正成为世界研发基地》，《人民日报》，2012年12月7日。

国家统计局、科学技术部：《中国科技统计年鉴2013》，中国统计出版社，2013。

国务院学位委员会办公室：《中国学位授予单位名册》，高等教育出版社，2007。

〔瑞士〕海尔格·诺沃特尼、彼得·斯科特、迈克尔·吉本斯：《反思科学：不确定性时代的知识与公众》，冷民等译，上海交通大学出版社，2011。

贺克斌、郑娟：《我国工科博士生培养模式改革及其效果分析》，《高等工程教育研究》2016年第1期。

何峰、贾爱英、郑义、王仰麟：《高等学校与工程科研院所联合培养博士生试点工作实施效果的调查分析》，《学位与研究生教育》2014年第2期。

何峰、胡晓阳、贾爱英：《国家公派联合培养博士生留学成效初探——基于"国家建设高水平大学公派研究生项目"的考察和分析》，《学位与研究生教育》2012年第6期。

何迎春：《20世纪90年代以来美国博士教育的问题与改革》，《高等教育研究》2005年第4期。

何郁冰：《产学研协同创新的理论模式》，《科学学研究》2012年第2期。

〔美〕亨利·埃茨科威兹：《三螺旋》，周春彦译，东方出版社，2005。

胡保民、董友、于建朝：《地方高校科技创新协同机制与管理研究》，河北大学出版社，2007。

胡锦涛：《在清华大学百年校庆大会上的重要讲话》〔EB/OL〕，（2011-04-25），http：//www.bj.xinhuanet.com/bjpd_sdzx/2011-04/25/content_22604972_1.htm。

胡丽莎：《知识生产的新模式与创业型大学的兴起》：《教育学术月刊》2012 年第 3 期。

胡玲琳：《我国高校研究生培养模式研究》，华东师范大学博士学位论文，2004。

黄志澄：《关于科学、技术、工程的相互关系》，《西安交通大学学报（社会科学版）》2006 年第 1 期。

蒋林浩、何烽、郑娟：《高校与工程院所联合培养博士生的组织文化冲突分析》，《研究生教育研究》2015 年第 4 期。

蒋逸民：《新的知识生产模式对大学教学和科研的影响》，《中国高教研究》2010 年第 2 期。

教育部：《教育部关于印发<高等学校和科研机构开展联合培养博士研究生工作暂行办法>的通知》〔EB/OL〕，http：//zzb. china-b. com/xblgdx/yanjiusheng/4081. html。

〔美〕杰弗里·菲佛、杰勒尔德·R. 萨兰基克：《组织的外部控制——对组织资源依赖的分析》，闫蕊译，东方出版社，2006。

金海燕、王沛民：《美国"重新规划 Ph. D"述略》，《高等工程教育研究》2004 年第 1 期。

〔美〕克劳雷：《重新认识工程教育：国际 CDIO 培养模式与方法》，顾佩华等译，高等教育出版社，2009。

科学技术部发展计划司、中国科学技术指标研究会：《科技统计实用手册》，科学技术文献出版社，2008。

孔钢城、王孙禺：《创业型大学的崛起与转型动因》，社会科学文献出版社，2015。

李冀：《教育管理辞典》，海南人民出版社，1989。

李金龙、张淑林、裴旭、陈伟：《协同创新环境下的研究生联合培养机制改革》，《学位与研究生教育》2014 年第 9 期。

李曼丽：《工程师与工程教育新论》，商务印书馆，2010。

李盛兵：《研究生教育模式嬗变》，教育科学出版社，1997。

李晓：《我国研究生联合培养模式研究》，青岛大学硕士学位论文，2009。

李晓强等：《学科会聚：知识生产的新趋势》，《科技进步与对策》2007年第6期。

李晓强、孔寒冰、王沛民：《部署新世纪的工程教育行动——兼评美国"2020"工程师（行动报告）》，《高等工程教育研究》2006年第4期。

李欣：《香港博士生培养模式研究》，华东师范大学硕士学位论文，2003。

李雪垠：《欧洲推进"博洛尼亚进程"的博士生培养改革》，《学位与研究生教育》2006年第10期。

李永华：《高等学校与科研院所联合培养研究生的模式探讨》，《教书育人》2005年第9期。

李云鹏：《知识生产模式转型与专业博士学位的代际嬗变》，《高等教育研究》2011年第4期。

李芷、陈天滋：《高等院校与科研院所联合培养人才模式的研究与实践》，《江苏理工大学学报》（社会科学版）2000年第1期。

林健：《"卓越工程师教育培养计划"学校工作方案研究》，《高等工程教育研究》2010年第5期。

林健：《校企全程合作培养卓越工程师》，《高等工程教育研究》2012年第3期。

林健、孔令昭：《供给与需求：高校工程人才培养结构分析》，《清华大学教育研究》2013年第1期。

刘帆：《美国博士生职业发展服务创新：以密歇根州立大学为例》，《高等工程教育研究》2013年第2期。

刘婧：《工学跨学科博士生培养模式研究》，哈尔滨工业大学硕士学位论文，2014。

刘小珊：《2013年高校科研经费花在哪里了?》，《南方周末》2014

年 7 月 21 日。

刘贤伟、马永红、马星：《校所联合培养博士生项目目标定位及其影响因素模型构建——基于扎根方法》，《高等工程教育研究》2016 年第 2 期。

刘贤伟、马永红：《高校与科研院所联合培养研究生的合作方式研究——基于战略联盟的视角》，《研究生教育研究》2015 年第 2 期。

刘亚敏：《迎接新世纪的挑战：欧洲博士生教育的改革动向》，《高教发展与评估》2010 年第 5 期。

马德秀：《研究生教育战略转型期的挑战与思考》，《中国高等教育》2011 年第 8 期。

马履一、赵清、胡涌等：《联合培养研究生的理论与实践》，中国环境科学出版社，2012。

马万华：《研究型大学知识生产模式的变革与学术研究的多元发展机制》，《北京大学教育评论》2009 年第 1 期。

〔英〕迈克尔·吉本斯等：《知识生产的新模式——当代社会科学与研究的动力》，陈洪捷等译，北京大学出版社，2011。

木子：《清华大学积极采取措施开辟从在职人员中招收培养博士生的新途径》，《学位与研究生教育》1987 年第 6 期。

潘金林，龚放：《多元学术能力：美国博士生教育目标新内涵》，《学位与研究生教育》2010 年第 7 期。

潘懋元：《产学研合作教育的几个理论问题》，《中国大学教育》2008 年第 3 期。

秦琳：《从师徒制到研究生院——德国博士研究生培养的结构化改革》，《学位与研究生教育》2012 年第 1 期。

全守杰：《德国工科大学的博士生教育探析》，《研究生教育研究》2011 年第 12 期。

饶燕婷：《挑战与变革：20 世纪 90 年代以来英国博士生教育的改革动向》，《学位与研究生教育》2010 年第 3 期。

沈文钦、王东芳：《从欧洲模式到美国模式：欧洲博士生培养模式改革的趋势》，《外国教育研究》2010 年第 8 期。

沈玄武、郭石明：《新知识生产模式下大学学科组织面临的挑战》，《浙江工业大学学报》（社会科学版）2011 年第 6 期。

时铭显：《高等工程教育必须回归工程和实践》，《中国高等教育》2002 年第 22 期。

史光云、李旭等：《八十年代及以后的科学和工程技术教育》，《清华大学教育研究》1981 年第 3 期。

束义明、罗尧成：《博洛尼亚进程中的芬兰博士生教育改革及其启示》，《学位与研究生教育》2010 年第 1 期。

孙玉琳：《英国博士生培养模式研究》，东北师范大学硕士学位论文，2012。

谭华：《中国与德国科研体系组织形式比较》，《中国农村科技》2013 年第 1 期。

汪雅霜、熊静漪：《博士生求学动机类型的实证研究》，《中国高教研究》2013 年第 6 期。

王爱萍：《知识生产模式转型与大学生就业能力培养》，《高教探索》2011 年第 5 期。

王家宏：《博硕士研究生院所联合培养的优势和成果》，《体育与科学》2008 年第 6 期。

王强、许放：《研究生教育在国家创新体系中的地位与作用》，《科技进步与对策》2003 年第 12 期。

王孙禺、曾开富、李文中、张冰：《美国凯克研究院的建立与工程教育发展——兼谈近 40 年来美国研究生层次的工程教育改革》，《高等工程教育研究》2012 年第 5 期。

王孙禺、刘继青：《中国工程教育　国家现代化进程中的发展史》，社会科学文献出版社，2013。

王孙禺、袁本涛、赵伟：《我国研究生教育质量状况综合调研报告》，《中国高等教育》2007 年第 9 期。

王文礼：《南非博士生教育的现状、问题和对策》，《高教探索》2014 年第 1 期。

王雪峰、曹荣：《大工程观与高等工程教育改革》，《高等工程教育》2006 年第 4 期。

王则温等：《跨学科培养博士生促进学科交叉的探讨》，《中国高教研究》2003 年第 8 期。

王战军：《转型期的中国研究生教育》，《学位与研究生教育》2010 年第 11 期。

文东茅、沈文钦：《知识生产的模式Ⅱ与教育研究——北京大学教育学院的案例分析》，《北京大学教育评论》2010 年第 4 期。

吴杰、杨洪军：《学科优势下的研究生教育模式探讨——科研院所与高校教育资源共享》，《中国中药杂志》2010 第 14 期。

吴启迪：《中国工程教育的改革与发展》，《中国高等教育评估》2007 年第 4 期。

吴文启：《德国"大科学"研究模式与博士生培养的科研学术环境》，《学位与研究生教育》2009 年第 6 期。

夏清泉：《科研机构与高等院校联合培养研究生的机制研究》，中国科技大学博士学位论文，2013 年。

谢桂华：《20 世纪的中国高等教育·学位制度与研究生教育卷》，高等教育出版社，2003。

谢维和、王孙禺、袁本涛：《学位与研究生教育：战略与规划》，教育科学出版社，2011。

谢晓宇：《"博洛尼亚进程"中德国博士生教育改革的特点与启示》，《外国教育研究》2012 年第 12 期。

徐九华、谢玉玲、邹一民：《高校与科研院所联合培养研究生的几点认识》，《中国冶金教育》2001 年第 5 期。

徐平、赵岩：《博士生培养模式研究文献综述》，《辽宁教育行政学院学报》2010 年第 9 期。

徐平：《我国研究型大学博士生培养模式研究》，厦门大学博士学位论文，2008。

徐希元：《当代中国博士生教育研究》，知识产权出版社，2006。

薛天祥：《研究生教育学》，广西师范大学出版社，2001。

薛天祥：《中国学位与研究生教育的历史、现状和发展趋势》，《国家教学行政学院学报》2005 年第 9 期。

荀勇、程鹏环、王延树等：《高等工程教育——德国工程技术教育的研究与实践》，中国水利水电出版社，2008。

研究生培养模式创新的理论与实践研究课题组：《中国研究生培养模式的理论与实践研究》，高等教育出版社，2013。

杨金丽：《中加联合培养博士生开学典礼在西安交通大学举行》，《学位与研究生教育》1989 年第 1 期。

杨茂瑞、王微：《校所联合培养林业高层次人才的探索》，《学位与研究生教育》1996 年第 2 期。

杨铁军：《产学研联合培养研究生典型模式及质量保障机制研究》，《江西教育科研》2007 年第 12 期。

姚加惠：《美国、俄罗斯和台湾地区博士生培养模式之比较》，《西南交通大学学报》（社会科学版）2009 年第 12 期。

易凤霞：《基于创新型国家建设的研究生创新教育研究》，武汉理工大学硕士学位论文，2007。

袁本涛、李莞荷、王顶明：《专业学位人才培养模式特征探究——基于分类的视角》，《高等工程教育研究》2015 年第 2 期。

袁晚禾：《开辟与国外合作培养博士生的途径》，《学位与研究生教育》1987 年第 12 期。

〔英〕约翰·齐曼：《真科学：它是什么，它指什么》，曾国屏译，上海科学教育出版社，2008。

张波：《导师对工科类博士生"软"、"硬"创新特质培养思考——

以北京理工大学为例》，《中国校外教育》2013 年 12 月下旬刊。

张光斗：《发展高等工程教育，培养更多合格的工程师》，《学位与研究生教育》2001 年第 6 期。

张光斗：《工科大学的培养目标和培养模式》，《高等工程教育研究》1996 年第 3 期。

张宏岩：《知识生产模式 2 对高校人才培养模式的影响——北京大学软件与微电子学院的案例分析》，《教育学术月刊》2013 年第 3 期。

张济洲：《近年来美国博士生教育面临的问题及其改革措施》，《学位与研究生教育》2008 年第 11 期。

张凌云：《德国与美国博士生培养模式研究》，华中科技大学博士学位论文，2010。

赵蒙成：《知识经济与研究生教育》，《交通高教研究》2000 年第 1 期。

赵世奎：《中国博士生教育规模结构分析》，《学位与研究生教育》2009 年第 8 期。

郑义：《工程科研院所研究生教育发展对策探析》，《学位与研究生教育》2010 年第 10 期。

郑义：《论工程科研院所博士生导师队伍的建设》，《高等工程教育研究》2010 年第 5 期。

中国博士质量分析课题组：《中国博士质量报告》，北京大学出版社，2010。

中国社会科学院语言研究所词典编辑室：《现代汉语词典（汉英双语，2002 增补本）》，外语教学与研究出版社，2002。

中国学位与研究生教育发展年度报告课题组、全国学位与研究生教育数据中心：《中国学位与研究生教育发展年度报告 2013》，中国人民大学出版社，2014。

中华人民共和国教育部发展规划司：《中国教育统计年鉴 2013》，人民教育出版社，2014。

中华人民共和国教育部科学技术司：《2013年高等学校科技统计资料汇编》，高等教育出版社，2014。

周光礼等：《中国博士质量调查——基于U/H大学的案例分析》，社会科学文献出版社，2010。

周桂清：《所校联合培养研究生初探》，《学位与研究生教育》1986年第4期。

周济：《育人为本协同创新——在高等学校和工程研究院所联合培养博士研究生2011年试点工作座谈会上的讲话》，《学位与研究生教育》2012年第10期。

周叶中、程思辉等：《研究生培养模式改革研究》，人民教育出版社，2013。

朱高峰：《创新人才与工程教育改革》，《高等工程教育研究》2007年第6期。

朱高峰：《创新与工程教育——初议建立创新型国家对高等工程教育的要求》，《高等工程教育研究》2007年第1期。

朱佳妮、朱军文、刘莉：《德国博士生培养模式的变革——"师徒制"与"结构化"的比较》，《学位与研究生教育》2013年第11期。

Augusti, G., Accreditation of Engineering Programmes: European Perspectives and Challenges in a Global Context. European Journal of Engineering Education, 32：3, 273 - 283. http：//www. enaee. eu/wp-content/uploads/2012/01/Augusti _ Chapter-in-Patil-Grays-book-Europ-Eng-System-of-Eng-Education-and-its-global-context. pdf.

Augusti, G. EUR-ACE：A System of Accreditation of Engineering Programmes Allowing National Variants, Presentation at the INQAAHE 2011 Conference in Madrid 4-7 April 2011, http：//www. enaee. eu/wp-content/uploads/2012/01/3a1985abb40303f6b471a1466c85967e1. pdf.

Augusti, G. Spreading the EUR-ACE © Accreditation System of Engineering Education：Current Status and Perspectives. Proceedings of the

Third International Conference Global Cooperation in Engineering Education, Kaunas, Lithuania, 1 – 3 October 2009: 9. http: //www. enaee. eu/wp-content/uploads/2012/01/0c160b0750b87afd94aed38ba2e538e51. pdf.

Council of Graduate Schools. A Transatlantic Dialogue on Doctoral Education, Communicator, 2006, 9 (8).

Crosier, D. , Purser, L. & Smidt, H. Trends V: Universities Shaping the European Higher Education Area. Brussels: EUA, 2007.

De Rosa, A. S. New Forms of International Cooperation in Doctoral Training: Internationalisation and the International Doctorate-One Goal, Two Distinct Models. Higher Education in Europe, 2008, 33 (1): 3-25.

ENAEE. EUR-ACE Framework-Standards for the Accreditation of Engineering Programmes, 2008 – 11 – 05: 4. http: //www. enaee. eu/wp-ontent/uploads/2012/01/EUR-ACE _ Framework-Standards _ 2008 – 11 – 0511. pdf.

ENAEE. Standards and Guidelines for Accreditation Agencies, http: // www. enaee. eu/wp-content/uploads/2012/01/ENAEE-Standards-and-Guidelines-for-Accreditation-Agencies-2007-04-191. pdf.

Engineering Council, The Accreditation of Higher Education Programmes, http: //www. engc. org. uk/ecukdocuments/internet/document% 20library/ AHEP%20Brochure. pdf.

Engineering Council, UK-SPEC, http: //www. engc. org. uk/ professional-qualifications/standards/uk-spec.

Harman, K. M. Producting " Industry-Ready " Doctorate: Australian Cooperative Research Centre Approaches to Doctoral Education. Studies in Continuing Education, 2004, 26 (3): 387-404.

LERU. LERU Statement on Doctoral Training and the Bologna Process, 2007. http: //www. leru_Statement_on_Doctoral_Training_february_2007. pdf.

Lisbon Summit. 2000, http: //www. bologna-berlin2003. de/pdf/PRESI-

DENCY_CONCLUSIONS_LISSABON. pdf.

Maxwell, T. From First to Second Generation Professional Doctorate. Studies in Higher Education, 2003, 28 (3): 279.

Mervis J. Top Ph. D. Feeder Schools Are Now Chinese. Science. 2008, 321 (5886): 185.

Nerad, M. & Heggelund, M. Forces and Forms of Change: Doctoral Education in the United States. 2005, Washington: CIRGE.

Neumann, R. Diversity, Doctoral Education and Policy. Higher Education Research & Development, 2002, 21 (2): 167-178.

Nyquist. J. The PhD: A Tapestry of Change for the 21st Century. Change: The Magazine of Higher Learning. 2002, 34 (6): 12-20.

Park, C. New Variant Ph. D. : The Changing Nature of the Doctorate in the UK. Journal of Higher Education Policy and management, 2005, 27 (2): 189-207.

QAA, Subject Benchmark Statement: Engineering 2010, http: //www. qaa. ac. uk/Publications/InformationAndGuidance/Documents/Engineering10. pdf.

QAA, The Framework for Higher Education Qualifications in England, Wales and Northern Ireland, August 2008, http: //www. qaa. ac. uk/ Publications/InformationAndGuidance/Documents/FHEQ08. pdf.

Roberts, E. Entrepreneurial Impact: The Role ofMIT [EB/OL]. http: //www. kauffman. org/what-we-do/research/2009/08/entrepreneurial- impact-the-role-of-mit.

Scott, D. , Brown, A. , Lunt, I. , & Thorne, L. Professional Doctorates: Integrating Professional and Academic Knowledge, 2004, Buckingham: Open University Press.

Strauss, A. & Corbin, J. Basics of Qualitative Research: Techniques and Procedures for Developing Grounded Theory (2nd edition) 1998,

London: Sage Publications.

Wallgren, L., & Dahlgren, L. O. Industrial Doctoral Students as Brokers between Industry and Academia. Industry and Higher Education, 2007, (21): 195-210. Williams, G. Doctoral Education in Canada, 1900-2005. 2005, Washington: CIRGE.

附　录

附录 A　访谈对象信息

A.1　联合培养导师访谈名单

编号	单位	合作单位	主要研究方向	访谈时间
L-D-X01-131224	A 大学	J 研究院	沉积学、油气储层地质、层序地层学、黑色岩系地球化学、生物成矿作用	2013-12-24
L-D-X02-131226	A 大学	G 研究院	粒子束物理及在材料学中的应用、载能粒子生物物理	2013-12-26
L-D-X03-140103	B 大学	H 研究总院	金属材料中的相变、耐热钢及耐热合金、高温黏结层及涂层材料的氧化行为、金属表面耐磨耐蚀涂层、新型空冷贝氏体系列钢种及应用、半导体中的金属互连线	2014-01-03
L-D-S01-131227	F 研究总院	C 大学	稀土发光材料及其制备技术，粉体材料制备过程热力学和锂离子电池正极材料及其制备技术	2013-12-27
L-D-S02-140108	G 研究院	A 大学	工程物理，凝聚态物理	2014-01-08
L-D-S03-140108	G 研究院	D 大学	信号处理与信息分析	2014-01-08
L-D-S04-140109	H 研究总院	E 大学	金属基贮氢材料研究	2014-01-09
L-D-S05-140109	H 研究总院	C 大学	稀土永磁材料研究	2014-01-09

续表

编号	单位	合作单位	主要研究方向	访谈时间
L-D-S06-140109	H 研究总院	E 大学	磁性材料、结构和物性制备技术、新型稀土永磁材料及组件服役特性研究	2014-01-09
L-D-S07-140117	I 研究院	B 大学	水文学、水资源规划和管理、防洪减灾以及遥感与 GIS 在水利上的应用研究	2014-01-17
L-D-S08-140117	I 研究院	B 大学	复杂水工结构的高性能计算，混凝土坝施工期温度与应力的仿真分析，水工新结构、复杂材料温度与应力的模拟方法，现代数值方法	2014-01-17
L-D-S09-140520	H 研究总院	B 大学	钢铁材料技术研发，高性能钢和特殊钢研究	2014-05-20
L-D-S10-140625	H 研究总院	C 大学	先进钢铁材料、金属材料基础理论、金属材料强韧化技术	2014-06-25
共计	高校 3 人		工程院所 10 人	

A.2 联合培养博士生访谈名单

编号	第一导师单位	第二导师单位	研究方向	访谈时间
L-S-X01-140317	B 大学	K 研究院	结构工程抗震	2014-03-17
L-S-S01-131227	F 研究总院	C 大学	高强高韧铝合金	2013-12-27
L-S-S02-131227	F 研究总院	C 大学	稀有金属冶金与材料研究	2013-12-27
L-S-S03-140117	I 研究院	B 大学	混凝土的细观力学模拟	2014-01-17
L-S-S04-140117	I 研究院	B 大学	生态水文学	2014-01-17
L-S-S05-140109	H 研究总院	E 大学	稀土永磁材料研究	2014-01-09
L-S-S06-140520	H 研究总院	B 大学	钢铁基础材料研究	2014-05-20
L-S-S07-140624	H 研究总院	C 大学	磁性材料研究	2014-06-24
L-S-S08-140109	L 研究总院	C 大学	机械模具工艺研究	2014-01-09
L-S-S09-140603	J 研究院	A 大学	提高石油采收率的机理和技术研究	2014-06-03
共计	第一导师在高校 1 人		第一导师在工程院所 9 人	

A.3 非联合培养高校导师访谈名单

编号	单位	研究方向	访谈时间
N-D-X01-140109	C大学	工程力学、岩土工程、采矿工程	2014-01-09
N-D-X02-140718	B大学	智能交通系统、自动检测技术与控制系统、控制理论与方法	2014-07-18
N-D-X03-140728	B大学	大气污染与控制研究	2014-07-28
N-D-X04-140819	B大学	光学测量仪器、大规模集成电路专用设备和光盘应用系统研究	2014-08-19
共计		4人	

A.4 非联合培养高校博士生访谈名单

编号	单位	研究方向	访谈时间
N-S-X01-140520	B大学	纳米流体动态研究	2014-05-20
N-S-X02-140611	B大学	航空替代燃料的分析计算	2014-06-11
N-S-X03-140611	B大学	环境政策管理	2014-06-11
N-S-X04-140612	B大学	配电网电压调节研究	2014-06-12
N-S-X05-140619	B大学	电路系统	2014-06-19
共计		5人	

附录 B 访谈提纲

B.1 联合培养导师访谈提纲

（半结构化访谈）

1. 背景信息：所在单位、学科、担任博导的时间等。参加高校和工程院所联合培养博士生项目几年了？带过/着几名联合培养博士生？担任第一导师和第二导师的博士生分别有几名？是否有已毕业的联合培养博士生？

2. 现状：您认为目前我国工科博士生培养的现状如何？（特点、优势和面临的挑战）

3. 共性与差异：您认为高校和工程院所的博士生培养模式有什么区别？（培养目标和定位、培养过程、评价标准、就业去向等）产生区别的原因？高校和工程院所的工科博士生培养模式有什么共性？

4. 优势与不足：高校和工程院所在工科博士生培养的资源上各有什么优势和不足？（组织定位、课程、学术、项目、设备、生产实践等资源）

5. 契机和期待：您最初是因为什么加入联合培养项目的？参与之初对联合培养抱有什么期待？（在科研和博士生培养上，认为可能会取得什么效果或遇到什么问题）

6. 成果评价：您认为联合培养项目运行至今体现了哪些效果？（单位和导师的科研、博士生培养、就业等方面）是否实现了您当初参与联合培养的预期？（在多大程度上实现了？哪些方面实现，哪些方面没有实现？）您认为，联合培养对提高博士生的培养质量是否有效？（例如工程实践能力、科研能力）联合培养博士生的在校表现如何？如有已毕业的博士生，他们的就业和工作情况如何？与非联合培养的博士生相比，在培养效果和培养过程上是否有区别？（区别体现在哪些方面？）

7. 问题与不足：您认为目前联合培养中存在哪些困难/或者哪些方面如果做出改进效果会更好？（困难和不足）您认为影响联合培养运行效果的因素主要有哪些？（合作动机、管理制度、科技体制、研究方向等）双方单位是否有专门的管理机构和管理人员负责联合培养博士生的管理和沟通工作？在联合培养博士生的管理过程和毕业流程中是否遇到过什么管理沟通的困难？

8. 协同基础

导师间的合作基础：您在联合培养之前和合作导师之间认识么，熟悉么，有过项目合作么？通过联合培养是否加强了和合作导师之间的沟通和合作，是否有进一步进行项目合作的意向？您认为联合培养博士生和导师间合作项目相结合是否会使困难更少，效果更好？

导师间的研究方向：您和合作导师之间的研究方向一致么？差异有多大？您觉得对于联合培养来说，导师之间的研究方向是一致好，还是有差异好？有差异的话，差距多大合适？

导师间的分工：第一导师和第二导师是怎么分工的？（博士生的招生、上课、项目训练、学位论文选题、答辩和毕业流程等，第一导师和第二导师如何分工）您和合作导师以及学生和另一位导师的沟通频率和沟通方式？您认为沟通交流的强度足够么？您认为第二导师在联合培养博士生中发挥了什么作用？应该发挥什么作用？如何能够让第二导师深入到对博士生的科研指导中？

9. 在科研和博士生培养中，有没有和其他机构、学科或国外大学合作的情况？合作收获和感受如何？

10. 建议和展望：您怎么评价联合培养这项工作？对它未来的发展前景怎么看？您对联合培养生博士生未来的发展有什么改进建议，有哪些方面还需要进一步完善？（如管理体制、生源质量、培养特色等）您对贵单位的博士生培养有什么建议和希望？

B. 2　联合培养博士生访谈提纲

（半结构化访谈）

1. 背景信息：所在学科、专业、年级、博士类型、是否有工作经验、是否已完成课程学习、是否已开题、是否已有意向中的就业单位、第一和第二导师分别在哪个单位？

2. 现状：您认为目前我国工科博士生培养的现状如何？（特点、优势和面临的挑战）

3. 共性与差异：您认为高校和工程院所的博士生培养模式有什么区别？（培养目标和定位、培养过程、评价标准、就业去向等）产生区别的原因？高校和工程院所的工科博士生培养模式有什么共性？

4. 优势与不足：高校和工程院所在工科博士生培养的资源上各有

什么优势和不足？（组织定位、课程、学术、项目、设备、生产实践等资源）

5. 契机和期待：您当初是因为什么报考联合培养博士生的？您在报考之前，对联合培养博士生项目有哪些了解？是通过什么途径了解到的？报考时对联合培养抱有什么期待？（视野、能力、就业等，认为可能会取得什么效果或遇到什么问题）您对自己的就业有什么预期？联合培养对您的就业有什么帮助？

6. 成果评价：您认为参加联合培养有哪些收获？是否实现了您当初参与联合培养的预期？（在多大程度上实现了？哪些方面实现，哪些方面没有实现？）您认为，联合培养对提高博士生的培养质量是否有效？（例如工程实践能力、科研能力。）

7. 问题与不足：您认为目前联合培养过程中存在哪些困难/或者哪些方面如果做出改进效果会更好？（困难和不足）您认为影响联合培养运行效果的因素主要有哪些？（动机、管理制度、科技体制、研究方向等）是否有专门的管理机构和管理人员负责联合培养博士生的管理和沟通工作？在联合培养博士生的管理过程和毕业流程中是否遇到过什么管理沟通的困难？

8. 协同基础

导师间的合作基础：您的两位导师在联合培养之前认识么，熟悉么，有过项目合作么？通过联合培养是否加强了两位导师之间的沟通和合作，他们是否有进一步进行项目合作的意向？您认为如果联合培养博士生能和导师间合作项目相结合是否会使困难更少，效果更好？

导师间的研究方向：您的两位导师之间研究方向一致吗？差异有多大？您觉得对于联合培养来说，导师之间的研究方向是一致好，还是有差异好？有差异的话，差距多大合适？

导师间的分工：您的第一导师和第二导师是怎么分工的？（招生、上课、项目训练、学位论文选题、答辩和毕业流程等）您和第二导师及其团队学生的沟通频率、沟通方式？您认为沟通交流的强度足够么？

您认为第二导师在联合培养博士生中发挥了什么作用？应该发挥什么作用？如何能够让第二导师深入到对博士生的科研指导中？

9. 在日常科研和培养过程中，有没有和其他机构、学科或国外大学合作的情况？合作收获和感受如何？

10. 建议和展望：您怎么评价联合培养这项工作？对它未来的发展前景怎么看？您对联合培养生博士生未来的发展有什么改进建议，有哪些方面还需要进一步完善？（如管理体制、生源质量、培养特色等）您对贵单位的博士生培养有什么建议和希望？

B.3　联合培养管理人员访谈提纲

（半结构化访谈）

1. 背景信息：所在的单位及性质（企业还是事业单位）、部门、职务，是否同时担任联合培养博士生导师工作？与哪些机构开展了联合培养博士生项目？始于哪一年？贵单位有多少在读博士生，多少博导？有多少参加联合培养工作的导师，其中担任第一导师的有多少位？目前共招收了多少联合培养博士生？第一导师在贵单位的博士生有多少？是否有已毕业的联合培养博士生，如果有，已毕业多少？

2. 现状：您认为目前我国工科博士生培养的现状如何？（特点、优势和面临的挑战）

3. 共性与差异：您认为高校和工程院所的博士生培养模式有什么区别？（培养目标和定位、培养过程、评价标准、就业去向等）产生区别的原因？高校和工程院所的工科博士生培养模式有什么共性？

4. 优势与不足：高校和工程院所在工科博士生培养的资源上各有什么优势和不足？（组织定位、课程、学术、项目、设备、生产实践等资源）

5. 契机和期待：贵单位当初是因为什么参加联合培养博士生工作的？对联合培养抱有什么期待？（科研交流合作、增加招生名额、提高培养质量、吸纳优秀人才等方面可能会取得的效果，或遇到的问题）

6. 成果评价：您认为贵单位参加联合培养有哪些收获？是否实现了当初参与联合培养的预期？（在多大程度上实现了？哪些方面实现，哪些方面没有实现？）您认为，联合培养对提高博士生的培养质量是否有效？（例如工程实践能力、科研能力）联合培养博士生的在学表现如何？联合培养博士生的培养过程和贵单位的非联合培养博士生有什么区别？（如何招生和上课？是否为联合培养博士生制定了有针对性的特色培养方案？在哪儿做项目？需要满足什么样的毕业要求？压力和困难比非联合培养博士生大么？等等）如有已毕业的博士生，他们的就业和工作情况如何？（与非联合培养博士生的区别体现在哪些方面？）

7. 问题与不足：您认为目前联合培养过程中存在哪些困难/或者哪些方面如果做出改进效果会更好？（困难和不足）您认为影响联合培养运行效果的因素主要有哪些？（动机、管理制度、科技体制、研究方向等）

贵单位与合作单位是否签订了正式的合作协议？如有，是否仍存在协议覆盖不到或无法执行的地方？如没有签订协议，联合培养过程中遇到问题遵循什么来解决？除协议之外，贵单位是否还建立了联合培养博士生的其他管理制度？有哪些制度？否有存在空白？（如双重学籍无法实现、毕业证格式不规范、因发表论文的作者单位不是高校而导致毕业困难等问题如何解决？）

您认为，联合培养博士生的行政管理体制是否顺畅？存在哪些问题？（如各教育主管部门之间横向、各教育管理层次之间纵向、合作单位之间、单位内部各部门之间的沟通协调是否顺畅，分工是否明确？）应如何理顺？是否已经建立起完备的联合培养博士生管理制度？是否有专门的管理机构和管理人员负责联合培养博士生的管理和沟通工作？在联合培养博士生的管理过程和毕业流程中是否遇到过什么管理沟通的困难？

8. 协同基础

单位间的合作基础：和联合培养合作单位在开展联合培养之前熟悉

么，有合作基础么？导师之间有项目合作的多么？通过联合培养是否加强了单位之间和导师之间的沟通和合作，是否有进一步进行项目合作的意向？您认为如果联合培养博士生能和导师间合作项目相结合是否会使困难更少，效果更好？

管理分工：通常在管理上，第一导师单位和第二导师单位是怎么分工的？（招生、上课、项目训练、学位论文选题、答辩和毕业流程等方面的管理工作如何分工）您和对方单位管理人员沟通的频率、内容、方式、沟通效果如何？

9. 在日常科研和培养过程中，有没有和其他机构、学科或国外大学合作的情况？合作收获和感受如何？

10. 建议和展望：您怎么评价联合培养这项工作？对它未来的发展前景怎么看？您对联合培养生博士生未来的发展有什么改进建议，有哪些方面还需要进一步完善？（如管理体制、生源质量、培养特色等）您对贵单位的博士生培养有什么建议和希望？

B.4 非联合培养高校工科导师访谈提纲

（半结构化访谈）

1. 背景信息：学科，研究方向，哪一年开始带博士生，总共大概带了多少？自己的学历，读研究生的时间和经历等。

2. 历史比较：现在工科博士生的培养模式和您当初读研的时候，以及您最开始带博士生的时候相比有什么不同？博士生培养模式变化的趋势是什么？比如培养目标、培养的方式、跨学科、课程、科研训练、国际化、发表论文、博士学位论文等方面。

你觉得博士生培养模式的变化是什么原因造成的？（科技发展、高等教育大众化、科研项目支持机制等）？

3. 您所在学科的科研近年来有什么发展趋势，对博士生的培养模式产生了什么影响？（科研经费分配机制、项目数量、方向等，纵向项目和横向项目对博士生的培养分别有什么影响？）

4. 您所在的研究领域中科研体系是如何分工？（和研究机构、企业、国外大学及机构等）您所在的研究领域中跨学科合作的情况？您和其他机构、部门和学科之间有科研和博士生培养上的合作么？合作培养的过程中有什么收获和问题？您如何看待工程院所的博士生培养模式？

5. 现状与问题：您认为目前我国工科博士生培养的现状如何？（特点、优势、问题和面临的挑战）您认为现在工科博士生的培养是否能满足社会的需求？（例如工程实践能力和创新能力）您认为当前工科博士培养的优势和存在的主要问题是什么？您认为应该怎样解决这些问题？

6. 您认为当前高校对工科博士生的培养定位是什么？您所在的院系对发表文章的要求是什么？对博士学位论文的要求是什么？博士生的主要就业去向？有什么变化趋势？当前博士生的读博动机和就业去向多元化，有更多学术学位博士生去传统研究型岗位之外就业，您认为博士生教育应该如何适应？对有不同就业意向的博士生，您会根据他们的个人情况采取不同的培养方式么？各有什么侧重？

7. 您了解国外相关学科的博士生培养模式么？您觉得我国工科博士生的培养模式和国外相比，有什么特色和不足？

8. 您认为未来我国工科博士生培养模式的发展趋势是什么？（例如跨机构合作、跨学科等）请您对工科博士生的培养模式提出未来发展的建议。

B.5 非联合培养高校工科博士生访谈提纲

（半结构化访谈）

1. 背景信息：求学经历，所在院系、学科、专业、年级，是否已完成课程学习、是否已开题？

2. 读博动机：您为什么选择读博士？读博士的目的是什么？

3. 就业意向：是否已有意向中的就业单位？将来会从事教学科研工作，还是去企业工作？觉得在博士期间的培养对去高校/企业工作有什么帮助？周围的博士生同学们一般去哪儿就业？您认为所在院系的工科博士生培养模式能够给去不同地方就业的同学提供帮助吗？对于有不同就业意向的同学，培养模式中的差异体现出来了吗，您觉得应该如何体现？

4. 培养方案：课程、社会实践、资格考试、开题、发表论文、答辩等环节的要求。您觉得培养方案能适应学生和用人单位的需求吗？

5. 项目和学位论文：博士生在项目中主要发挥什么作用？博士生通常从事科研项目的情况？（规模、类型、目标等）博士学位论文选题和项目是什么关系？在确定论文选题的过程中您和导师的分工和角色定位是什么？您参与的这些课题对将来的就业和职业发展有帮助吗？

6. 导师指导：日常学习和科研过程中，遇到问题的时候找谁解决，导师或者师兄？您是否有大导师和小导师，所在课题组的团队如何构成，如何发挥作用？有固定的组会制度吗？组会的内容通常是什么？组会对您发挥了什么作用？

7. 发表文章：您所在院系和导师对发表文章的要求是什么？这个要求的难度适当么？对不打算从事学术研究的学生来说，发表文章的意义何在？

8. 协同合作：参与科研工作时和其他机构，比如企业和科研院所有合作么？接触这些项目和单位有什么感受？您所在的研究领域涉及跨学科的内容吗？

9. 国际比较：您有国外交换或学习的经验吗？这些经验对您的培养起了什么作用？您接触到的国外工科博士生的培养模式有什么特点，和国内有什么不同？

10. 最重要与最困难：您认为在博士生培养过程中，哪些环节和什么能力最重要？为什么？如何进行针对性的培养？您认为读博过程中最难的是什么？（比如什么环节或达到什么要求）您是如何克服这些困难的？

后 记

当前世界范围内新一轮科技革命的蓬勃发展引发了全球产业格局的重大调整，近年来许多发达国家均将强化创新驱动，大力发展先进制造业作为今后的战略重点，并相应对本国的工程教育进行了改革创新。

在知识生产模式转型的大背景下，建设制造业强国和创新型国家也对我国博士层次的工程科技人才培养提出了更高的要求，但当前我国工科博士生的培养模式仍普遍存在着培养目标相对单一，博士生就业适应性有待提高；博士生的创新能力和工程实践能力不足，解决产业关键技术难题的意识不强，与产业界需求存在差距等问题；高校和产业界协同机制的欠缺，产学研跨界合作存在障碍更是加剧了上述问题，亟须开展跨界联合并对我国工科博士生的培养模式进行改革探索。

因此，本书以2010年教育部和中国工程院共同推动的"高校和工程院所联合培养博士生"试点项目为案例，对我国工科博士生培养模式的一种改革新探索进行了专门研究，在一定程度上丰富了借鉴知识生产"模式2"等相关理论研究中国工科博士生培养模式的经验；采用质的研究方法，将高校和工程院所的导师和博士生视角相结合，从联合培养项目参与者的切身体会入手进行深入分析，在此基础上构建了高校和工程院所联合培养博士生的跨界协同机制，对开展其他类型的跨界博士生培养合作具有一定的借鉴意义。

高校和工程院所的跨界联合培养模式进一步促进了我国工科博士生培养目标和培养主体的多元化，实现了培养过程中的优势互补，并对博士生采取了复合性的评价标准；深入推进了高校和工程院所相关学科和导师之间的科研交流与合作。但目前试点项目中仍存在着一些具有共性的问题，主要表现为在部分案例中国家项目与自发需求存在差距、培养过程中合作尚未落到实处、联合培养的管理制度仍不完善以及社会认可度较低等，需要进一步加强跨界联合培养的协同机制建设。

实现资源优势互补是高校和工程院所进行跨界联合培养的重要动力。二者在组织定位、导师、项目、设备等工科博士生培养的资源上各具特色，并且形成了互补关系，为了应对知识生产模式2的挑战必须进行合作以实现科研和人才培养资源的优势互补。因此，应注重构建高校和工程院所的跨界协同基础建设，使双方具有良好的合作基础，相互匹配的合作需求，做到差异性和互补性相互协调。

跨界联合培养的协同框架可以分为理念文化协同、人才培养协同和知识生产协同三个层面。理念文化协同是联合培养的基础，人才培养协同是联合培养的核心，知识生产协同是联合培养的深层追求，并与人才培养协同相互支持和促进。联合培养的协同机制可以从宏观、中观和微观三个层面进行构建，在宏观层面应进一步加强政策支持和制度建设，在中观层面应进一步加强组织管理和团队沟通，在微观层面应进一步强调导师的支持和对博士生的遴选。

本书的研究案例为试点数年的改革项目，所研究的跨界联合培养模式仍处在改革变动和发展之中，研究对象群体的规模相对有限，改革未来具体的发展方式也并不明确，资料仍显得不足，加上作者的研究水平有限，因此，本书研究的适用范围在未来的研究工作中，随着改革实践的不断深入，需要通过增加跨界联合的单位类型、借鉴其他理论视角和研究方法、细化学科、开展毕业生和用人单位调研等方式进行进一步的拓展。

本书的撰写工作得到了清华大学工程教育研究中心和清华大学教育研究院多位教师和研究生的大力支持，特别是袁本涛、王孙禺、史静寰、李曼丽、刘惠琴、林健、李越、乔伟峰、王传毅、雷环、范静波、田慧君、王顶明、胡欣、刘帆、石菲等人的支持，在此一并表示感谢！感谢"高校和工程院所联合培养博士生的模式和机制"课题组的老师和同学以及接受本书访谈的各位导师和博士生为本书的写作提供的帮助与支持。感谢我的家人、朋友以及北京工业大学高等教育研究所的各位同事在本书写作期间给予的鼓励和帮助！

郑 娟

2017 年 12 月

图书在版编目（CIP）数据

跨界联合：工科博士生培养模式新探索／郑娟著
. -- 北京：社会科学文献出版社，2017.12
（清华工程教育）
ISBN 978-7-5201-2024-1

Ⅰ.①跨…　Ⅱ.①郑…　Ⅲ.①工科（教育）-博士生-
研究生教育-培养模式-研究　Ⅳ.①G643.7

中国版本图书馆 CIP 数据核字（2017）第 314604 号

清华工程教育
跨界联合：工科博士生培养模式新探索

著　　者／郑　娟

出 版 人／谢寿光
项目统筹／宋月华　范　迎
责任编辑／范　迎

出　　版／社会科学文献出版社·人文分社（010）59367215
　　　　　　地址：北京市北三环中路甲 29 号院华龙大厦　邮编：100029
　　　　　　网址：www.ssap.com.cn
发　　行／市场营销中心（010）59367081　59367018
印　　装／三河市尚艺印装有限公司

规　　格／开本：787mm×1092mm　1/16
　　　　　　印张：13.5　字数：195 千字
版　　次／2017 年 12 月第 1 版　2017 年 12 月第 1 次印刷
书　　号／ISBN 978-7-5201-2024-1
定　　价／69.00 元

本书如有印装质量问题，请与读者服务中心（010-59367028）联系